PARIS

GABRIEL DE GONET, ÉDITEUR, RUE DES BEAUX-ARTS, 6

ET CHEZ

TOUS LES LIBRAIRES DE LA FRANCE ET DE L'ÉTRANGER

N° 2

A 50 CENTIMES LA LIVRAISON

HISTOIRE de la GUERRE D'ORIENT ILLUSTRÉE

d'après les croquis dessins plans et paysages pris sur les lieux par des officiers du Génie et de l'État-Major.

RÉDIGÉE sur les documents officiels

PAR **NOEL SEGUR.**

PARIS

GABRIEL DE GONET, — ÉDITEUR, RUE DES BEAUX-ARTS, 6

ET CHEZ

TOUS LES LIBRAIRES DE LA FRANCE ET DE L'ÉTRANGER

CHAPITRE PREMIER

Il ne faut pas remonter à moins d'un siècle et demi pour se faire une juste idée des causes de la guerre d'Orient actuelle, et des raisons qui ont déterminé la France et l'Angleterre à défendre, contre les injustes agressions de la Russie, l'empire ottoman, déjà bien affaibli par les luttes antérieures, mais beaucoup moins chancelant, néanmoins, que ne cessent de le répéter depuis vingt-cinq ans les partisans de la Russie.

Lorsque Pierre Ier, en vue de civiliser les peuplades barbares sur lesquelles il régnait, se faisait successivement charpentier, serrurier, matelot, lorsqu'il parcourait l'Allemagne, la Hollande, la France et l'Angleterre pour y chercher les moyens d'agrandir sa puissance, ce n'était pas par les forces intellectuelles qu'il voulait y parvenir : laissant à la civilisation européenne son génie, ses idées, ses nobles aspirations, c'était par la violence et la terreur qu'il entendait changer les mœurs et l'organisation de son pays; c'était, selon l'expression d'un écrivain moderne, à coups de hache qu'il voulait faire entrer dans le dur cerveau de ses sujets les connaissances matérielles qui leur manquaient. Tout en entretenant les masses dans l'ignorance et la barbarie, il prétendait les discipliner, les initier aux arts utiles, en même temps qu'il les dresserait à l'obéissance passive, œuvre que devaient l'aider puissamment à accomplir un clergé ignorant, adonné à tous les vices, et une noblesse orgueilleuse et dépravée.

Une nation ainsi constituée devait nécessairement être avide de bien-être matériel, et tendre par tous les moyens possibles à s'agrandir, pour assouvir, aux dépens des autres peuples, cette soif de jouissances et de domination, sans cesse avivée par la perspective de délices que lui refusait le climat glacé où Dieu l'avait fait naître.

On sait comment Pierre Ier commença la réalisation de ce projet, qui, pour beaucoup de fortes têtes du temps, n'était qu'une monstrueuse et sanglante utopie; comment, après s'être fait artisan, il se fit bourreau, et, dans une seule séance, abattit de sa propre main la tête de vingt de ses sujets récalcitrants, buvant un énorme verre de vin entre chaque exécution, et voulant ensuite que ses courtisans, ses généraux, ses boyards, suivissent son exemple. Des révoltes éclatent; elles sont noyées dans le sang. Pierre triomphe de tous les obstacles; sa puissance grandit chaque jour; et il meurt après avoir organisé en un corps de nation seize millions d'âmes de peuplades à demi sauvages, léguant à ses successeurs l'accomplissement de l'immense tâche qu'il s'est imposée, et leur indiquant les moyens d'y parvenir dans son testament politique, ainsi conçu :

I. Entretenir la nation russienne dans un état de guerre continuelle, pour tenir le soldat aguerri et toujours en haleine; ne la laisser reposer que pour améliorer les finances de l'État; refaire les armées et choisir les moments opportuns pour l'attaque; faire ainsi servir la paix à la guerre, et la guerre à la paix, dans l'intérêt de l'agrandissement et de la prospérité croissante de la Russie.

II. Appeler par tous les moyens possibles, de chez les peuples les plus instruits de l'Europe, des capitaines pendant la guerre et des savants pendant la paix, pour faire profiter la nation russe des avantages des autres pays, sans lui faire rien perdre des siens propres.

III. Prendre part, en toute occasion, aux affaires et démêlés quelconques de l'Europe, et surtout à ceux d'Allemagne, qui, plus rapprochés, intéressent plus directement.

IV. Diviser la Pologne, en y entretenant le trouble et les jalousies continuelles; gagner les puissants à prix d'or, influencer les diètes, les corrompre, afin d'avoir action sur l'élection des rois; y faire nommer ses partisans, les protéger; y faire entrer les troupes russiennes, et y séjourner jusqu'à l'occasion d'y demeurer tout à fait. Si les puissances voisines opposent des difficultés, les apaiser momentanément en morcelant le pays, jusqu'à ce qu'on puisse reprendre ce qui aura été donné.

V. Prendre le plus qu'on pourra à la Suède, et savoir se faire attaquer par elle, pour avoir le prétexte de la subjuguer. Pour cela, l'isoler du Danemark, et le Danemark de la Suède, et entretenir avec soin leurs rivalités.

VI. Prendre toujours les épouses des princes russes parmi les princesses d'Allemagne, pour multiplier les alliances de famille, rapprocher les intérêts, et unir d'elle-même l'Allemagne à notre cause en y multipliant notre influence.

VII. Rechercher de préférence l'alliance de l'Angleterre pour le commerce, comme étant la puissance qui a le plus besoin de nous pour sa marine, et qui peut être le plus utile au développement de la nôtre. Échanger nos bois et autres productions contre son or, et établir entre ses marchands, ses matelots et les nôtres des rapports continuels, qui formeront ceux de ce pays à la navigation et au commerce.

VIII. S'étendre sans relâche dans le nord, le long de la Baltique, ainsi que vers le sud, le long de la mer Noire.

IX. Approcher le plus possible de Constantinople et des Indes. Celui qui y régnera sera le vrai souverain du monde. En conséquence, susciter des guerres continuelles, tantôt au Turc, tantôt à la Perse; établir des chantiers sur la mer Noire; s'emparer peu à peu de cette mer, ainsi que de la Baltique, ce qui est un double point nécessaire à la réussite du projet; hâter la décadence de la Perse; pénétrer jusqu'au golfe Persique; rétablir, si c'est possible, par la Syrie, l'ancien commerce du Levant, et avancer jusqu'aux Indes, qui sont l'entrepôt du monde. Une fois là, on pourra se passer de l'or de l'Angleterre.

X. Rechercher et entretenir avec soin l'alliance de l'Autriche; appuyer en apparence ses idées de royauté future sur l'Allemagne, et exciter contre elle, par dessous main, la jalousie des princes. Tâcher de faire réclamer des secours de la Russie par les uns ou par les autres, et exercer sur le pays une espèce de protection qui prépare la domination future.

XI. Intéresser la maison d'Autriche à chasser le Turc de l'Europe, et neutraliser ses jalousies lors de la conquête de Constantinople, soit en lui suscitant une guerre avec les anciens États de l'Europe, soit en lui donnant une portion de la conquête qu'on lui reprendra plus tard.

XII. S'attacher à réunir autour de soi tous les Grecs schismatiques qui sont répandus soit dans la Hongrie, soit dans le midi de la Pologne; se faire leur centre, leur appui, et établir d'avance une prépondérance universelle par une sorte de royauté ou de suprématie sacerdotale : ce seront autant d'amis qu'on aura chez chacun de ses ennemis.

XIII. La Suède démembrée, la Perse vaincue, la Pologne subjuguée, la Turquie conquise, nos armées réunies, la mer Noire et la mer Baltique gardée par nos vaisseaux, il faut alors proposer séparément, et très-secrètement, d'abord à la cour de Versailles, puis à celle de Vienne, de partager avec elles l'empire de l'univers. Si l'une des deux accepte, ce qui est immanquable en flattant leur ambition et leur amour-propre, se servir d'elle pour écraser l'autre ; puis écraser à son tour celle qui demeurera, en engageant avec elle une lutte qui ne saurait être douteuse, la Russie possédant déjà en propre tout l'Orient et une grande partie de l'Europe.

XIV. Si, ce qui n'est pas probable, chacune d'elles refusait l'offre de la Russie, il faudrait savoir leur susciter des querelles, et les faire s'épuiser l'une par l'autre. Alors, profitant d'un moment décisif, la Russie ferait fondre ses troupes, rassemblées d'avance, sur l'Allemagne, en même temps que deux flottes considérables partiraient l'une de la mer d'Azof et l'autre du port d'Archangel, chargées de hordes asiatiques, sous le convoi des flottes armées de la mer Noire et de la Baltique. S'avançant par la Méditerranée et l'Océan, elles inonderaient la France d'un côté, tandis que l'Allemagne le serait de l'autre, et, ces deux contrées vaincues, le reste de l'Europe passerait facilement et sans coup férir sous le joug. Ainsi peut et doit être subjuguée l'Europe.

Tel est le point de départ de cette puissance envahissante qui, en échange d'une obéissance aveugle, montre à ses masses esclaves, comme une terre promise, les plus belles contrées du monde civilisé.

Tous les successeurs de Pierre I⁰ʳ ont fidèlement suivi le système de ce souverain à la volonté puissante. Il y eut à la vérité, depuis lui jusqu'à nos jours, des temps d'arrêt motivés par la difficile agrégation de tant de tribus barbares, mais jamais dès lors, en aucun temps, la Russie ne cessa de regarder l'empire ottoman comme une proie qui lui était dévolue, et dont

la possession devait assurer sa prépondérance sur toutes les nations de l'Europe.

Trois fois la Russie avait tenté de rejeter les Turcs en Asie avant l'avénement de Catherine II, qu'on appela, nous ne savons trop pourquoi, Catherine la Grande, à moins que ce ne soit à raison des assassinats, des épouvantables massacres accomplis par son ordre ou en son nom. Ainsi, par exemple, Souwarow, après avoir vaincu, en 1794, la vaillante mais trop peu nombreuse armée des insurgés polonais, s'écriait au milieu de ses soldats : « Notre bonne mère Catherine m'a ordonné de massacrer tous les Polonais, massacrons-les ! » Et, prêchant d'exemple, il ne cessa d'égorger lui-même des hommes sans défense que lorsque la fatigue l'obligea à se reposer. Plus tard, le même général hurlait dans les rues de Praga, dont il venait de s'emparer de vive force : « Enfants, souvenez-vous des ordres de notre bonne mère! Tuez! tuez! partout, toujours! Il ne faut pas qu'il reste d'ennemis à l'impératrice dans les lieux où vous aurez passé! » Et trente mille victimes désarmées, bourgeois, femmes, enfants, vieillards, furent impitoyablement massacrées.

Il n'était que trop vrai, Catherine avait ordonné à ce général d'être impitoyable : « Frappez, frappez sans relâche ! lui avait-elle dit, et que ce peuple de rebelles soit anéanti ! » Lorsque la nouvelle de cette effroyable boucherie lui arriva, elle sortit toute radieuse de son cabinet, et trouvant dans une antichambre deux courtisans qui jouaient aux échecs, elle s'écria : « Ah! Messieurs, je fais mieux que vous! vous ne faites que des prisonniers, moi j'anéantis les rebelles. »

Mais ce n'était pas seulement la Pologne qu'il fallait à cette souveraine implacable, si digne de continuer l'œuvre de Pierre Iᵉʳ, c'était surtout l'empire turc qu'elle voulait conquérir et anéantir pour arriver à cette domination européenne promise par ce civilisateur d'une opiniâtreté féroce. C'est vers ce but que se tournèrent tous ses efforts, et il vint un moment où elle se crut si près de l'atteindre, qu'elle fit inscrire sur des poteaux au sortir de Saint-Pétersbourg, dans la direction de Constantinople, ces mots significatifs : *Route de Byzance.*

Jamais diplomatie plus rusée, plus cauteleuse, plus mensongère, plus servile que celle de cette époque, ne fut mise en œuvre par la Russie. Après avoir fait au sultan une situation intolérable, après l'avoir, par tous les moyens humains, forcé de déclarer la guerre [1], Catherine, appelant tous les souverains de l'Europe

1. C'est, depuis Pierre Iᵉʳ, la politique des czars de forcer le gouvernement turc à déclarer la guerre, pour conserver à la Russie, dans l'agression même, les apparences de la modération.

en témoignage de sa bonne foi, accuse la Turquie de turbulence, de mauvaise foi, d'ambition ; elle prend le ciel à témoin que le gouvernement de Saint-Pétersbourg ne fait la guerre qu'à son corps défendant. « Quant à la Russie, ajoute-t-elle en terminant sa note aux puissances occidentales, sûre d'avoir religieusement respecté tous les articles qui pouvaient assurer la paix perpétuelle, entre elle et l'empire ottoman, elle remet dans les mains de la suprême Providence le jugement de sa cause, et le succès des armes auxquelles on la force de recourir. » On croirait, dit un publiciste, lire quelque pièce diplomatique de M. de Nesselrode en 1854.

La révolution française, qui menaçait de changer la face du monde, ralentit quelque peu cette ardeur ; mais le gouvernement russe n'en demeura pas moins fidèle au système de Pierre Ier, et telle fut sa persévérance dans cette voie, que, de 1771 à 1829, la Russie s'empara et s'agrandit de la Crimée, de la Géorgie, de la Pologne, de l'Ukraine, de la Lithuanie, de la Podolie, de la Courlande, des provinces caucasiennes, d'une partie de la Bessarabie et de l'Arménie, du Schirwan, de la Finlande et d'Érivan, ajoutant ainsi vingt-quatre millions de sujets à l'empire.

Paul Ier, successeur de Catherine, ne montra pas la même avidité que cette dernière ; à ce pauvre insensé il suffisait de passer des revues et de faire parader ses soldats pour qu'il se crût le plus puissant souverain du monde. Ce n'était pas le compte de l'aristocratie russe, qui attendait impatiemment la réalisation des promesses de Pierre Ier, dont les conquêtes de Catherine ne lui avaient donné qu'un avant-goût. Bientôt les désastres des armées russes en Suisse, en Italie, où elles sont battues, anéanties par les Français, puis la réconciliation de Paul avec Napoléon, portent le mécontentement à son comble : la mort de Paul est résolue, et il est assassiné presque en présence de son fils Alexandre, auquel les conjurés s'étaient ouverts, et qui avait permis d'accomplir, à quelque prix que ce fût, le détrônement de son père [1].

Arrivé au trône, Alexandre, à la grande surprise de

ceux qui l'avaient aidé à y monter, conclut avec Napoléon un traité dans lequel les deux contractants se promettent de régler ensemble les affaires d'Allemagne et d'assurer la liberté des mers ; mais ce traité, de la part du czar, n'était qu'un leurre au moyen duquel il espérait avoir le temps de se préparer à la guerre, d'attirer à lui la Prusse et l'Autriche, et de se faire ensuite une proie facile de chacune de ces deux puissances.

La guerre en effet ne tarde pas à éclater ; mais le génie de Napoléon déjoue tous les projets du czar, et la Russie vaincue renonce, par le traité de Tilsitt, à la domination de l'Occident ; obligée de subir la loi du vainqueur, elle laisse Napoléon constituer sous son patronage le grand-duché de Varsovie ; elle se résigne à voir diminuer de moitié, au profit de la France, la Prusse qu'elle avait convoitée ; elle souffre que l'empereur des Français se fasse le suzerain de l'Autriche, qu'il se fasse le protecteur de la Confédération du Rhin, qu'il découpe l'Allemagne à son gré, qu'il maîtrise la Suisse, qu'il règne en Italie, qu'il s'empare de l'Espagne ; en un mot, la Russie renonce, mais non sans restrictions mentales, à ses tendances de domination sur l'Europe centrale ; mais en revanche, et en attendant mieux, elle joint la Finlande à ses États ; elle garde la Moldavie et la Valachie qu'elle ne devait, avait-elle dit, occuper que temporairement ; elle s'empare des bouches du Danube ; elle vole à la Perse quelques portions de provinces ; puis enfin, à peu près remise du terrible désastre d'Austerlitz, elle propose à Napoléon de partager le monde, et elle déclare consentir à ce que la France prenne possession de la Morée et de l'Égypte, pourvu que les aigles françaises laissent les vautours de Saint-Pétersbourg s'abattre sans obstacle sur Constantinople.

Ainsi rien n'était changé dans la politique russe ; elle n'offrait des concessions que pour arriver plus sûrement à son but, comme un joueur d'échecs qui sacrifie volontiers quelques pions pour s'emparer des pièces de premier ordre.

Napoléon était trop clairvoyant ; la grandeur et la prospérité de la France lui étaient trop chères ; Dieu enfin l'avait trop heureusement doué pour qu'il se prêtât

---

1. Le général gouverneur Pahlen, qui était le chef du complot, déclara plus tard à une foule de personnes, dans la retraite où il s'était retiré, tous les détails de cet assassinat, et ne cessa d'affirmer que la mort de Paul avait été non-seulement consentie, mais exigée par son fils. Le vieux courtisan parlait de cela avec tant d'abandon ; il faisait le récit des diverses circonstances qui avaient accompagné le crime avec un laisser-aller si compromettant, que le nouveau czar ne tarda pas à s'en alarmer. Pour atténuer l'effet produit par les révélations de cet ex-gouverneur de Saint-Pétersbourg, on fit d'abord courir le bruit qu'il était atteint d'aliénation mentale ; mais comme ce prétendu fou était trouvé très-lucide par toutes les personnes qui le visi-

taient, on songea aux moyens de lui imposer silence : par ordre d'Alexandre, le baron de Winter, convenablement accompagné, vint arrêter l'indiscret et le conduisit dans la prison de Reval, où il fut mis au secret le plus rigoureux. Six jours après, on apprit que Pahlen était mort.

En même temps, l'un des assassins, le prince Yaschwill, recevait en récompense de sa discrétion le commandement général de l'artillerie, qu'il conserva jusqu'à l'avénement de Nicolas, et un autre des conjurés nommé Essen, également discret, était fait gouverneur de Riga, poste qu'il occupa jusqu'en 1815, époque où, tourmenté par les remords, il se suicida.

M. Nesselrode, ministre des affaires étrangères de Russie.

aux vues d'Alexandre ; sans doute les compensations qu'on lui offrait étaient brillantes ; mais il se dit que la possession de l'Egypte, qu'une fois déjà il avait conquise, serait à la France plus onéreuse que fructueuse ; que la Morée, s'il s'en emparait, lui serait incessamment disputée, peut-être par la Russie elle-même, dès qu'elle serait maîtresse de la Turquie d'Europe, et que le plus sage était de maintenir l'empire turc qui, disait-il, sous le point de vue militaire, était un marais qui empêcherait toujours la Russie de le déborder par sa droite.

Forcé de se résigner, Alexandre voit bientôt autour de lui grossir la foule des mécontents ; en vain tente-t-il de les apaiser par une nouvelle guerre contre la Turquie, dont l'issue ne pouvait être décisive ; ses boyards commencent à se plaindre comme ils l'avaient fait contre Paul, son père, et à leurs clameurs vien-

nent se joindre celles de tous les propriétaires et négociants de son empire, auxquels le blocus continental décrété par Napoléon, ne permet plus d'écouler leurs produits.

Alors, contrairement au traité par lui solennellement conclu, Alexandre ouvrit les ports de la Russie aux navires anglais, moyennant un puéril déguisement de pavillon, et dès lors une nouvelle rupture entre la France et la Russie parut imminente.

C'est alors que M. Nesselrode, aujourd'hui ministre des affaires étrangères de l'empereur Nicolas, entra pour la première fois en scène dans le grand drame européen. Issu d'une famille noble d'origine saxonne, M. de Nesselrode est né en 1780 à Lisbonne, où son père était alors ministre plénipotentiaire de Catherine II ; au sortir de l'enfance, il entra dans la carrière des armes ; mais il l'abandonna presque aussitôt pour entrer dans la diplomatie, et il fut, vers 1802, attaché à l'ambassade russe à Berlin. Grâce à sa haute et incontestable intelligence, son avancement fut rapide, et en 1811, époque où la rupture entre la France et la Russie paraissait imminente, comme nous l'avons dit tout à l'heure, M. de Nesselrode occupait à Paris le poste éminent de conseiller d'ambassade. Tous ses efforts tendaient à la conciliation ; mais pour Alexandre, la paix était impossible, à moins qu'il ne se résignât à subir le sort de son père Paul Ier ; M. de Nesselrode fut donc rappelé.

Napoléon se plaint amèrement de cette mesure ; Alexandre promet de renvoyer M. de Nesselrode à Paris ; mais il n'en fait rien, et Napoléon, qu'on ne trompe pas aisément, ne veut pas qu'on le croie dupe de ces manœuvres.

« Tout ceci, dit-il au colonel Czernsoheff, un des aides de camp d'Alexandre, tout ceci prend une tournure bien sérieuse, et cependant je suis convaincu que Nesselrode ne reviendra pas. C'est un malheur : son arrivée ici aurait pu mettre fin à des querelles qui s'enveniment chaque jour davantage. Il faut qu'une négociation ait lieu, et je crois qu'il est encore temps de s'expliquer. »

Mais Alexandre ne voulait point d'explications. Tant qu'avaient duré les négociations, il s'était préparé à la guerre ; il était prêt maintenant, non à prendre l'offensive, ce qui ne pouvait que lui être fatal, mais à soutenir l'attaque, sachant bien tous les avantages qu'il pourrait tirer dans ce cas du climat et des déserts glacés que l'armée envahissante serait obligée de parcourir.

On sait quels furent les phases et le résultat de cette grande guerre : vainqueurs des Russes, mais vaincus par une température meurtrière qui jetait par milliers les hommes et les chevaux sur la neige durcie, les Français, après une retraite désastreuse, reparurent, au printemps de 1813, plus nombreux, plus forts, plus invincibles que jamais. La plus grande partie de l'Europe, qui avait marché l'année précédente avec eux, marchait maintenant contre eux, et cela ne les empêchait pas de s'avancer en vainqueurs, et de reconquérir la plus grande partie du terrain qu'ils avaient perdu.

C'est alors que M. de Nesselrode reparaît sur la scène, flanqué de M. de Metternich pour l'Autriche, de lord Aberdeen pour l'Angleterre, et de M. de Hardenberg pour la Prusse. Ces représentants, réunis à Francfort, demandent l'envoi près d'eux d'un diplomate français, et à M. de Saint-Aignan, envoyé par Napoléon, ils déclarent que les souverains coalisés sont d'accord sur la puissance et la prépondérance que la France doit conserver, en se renfermant dans ses limites naturelles, qui sont le Rhin, les Alpes et les Pyrénées.

La France eut le malheur de prendre au sérieux cette déclaration, qui n'était qu'un piège ; des divisions intestines commencèrent à se manifester alors qu'il n'y avait pas de salut que dans la réunion de toutes les forces vives, et tout fut perdu.

Après l'entrée des alliés à Paris, dit un historien, M. de Nesselrode, en sa qualité de ministre favori d'Alexandre, fut naturellement assailli et gagné à grands frais par les partisans des Bourbons ; il appuya de toutes ses forces auprès de son maître la combinaison qui les replaçait sur le trône..... Au retour de Napoléon, en 1815, M. de Nesselrode fut un des signataires de la fameuse déclaration qui le mettait au ban de l'Europe ; et lorsque enfin l'Europe eut mis la main sur l'homme qui la faisait trembler, M. de Nesselrode fut récompensé de ses services en obtenant d'Alexandre, en 1816, la direction des affaires étrangères, poste que, malgré son grand âge, il occupe encore aujourd'hui (mai 1854).

Cette grande guerre contre la France avait puissamment contribué à faire de la Russie une puissance colossale ; mais Alexandre avait payé cher ses victoires : les caisses de l'État étaient vides, et, bien que le moment fût des plus opportuns pour se mettre en chemin vers Byzance dans la direction indiquée par Catherine II, force fut au czar de se contenir et d'attendre que le désastre de ses finances fût quelque peu rétabli. Alexandre attendait donc afin de choisir son temps, son heure ; mais la Providence, elle aussi, choisit son temps, et elle a l'avantage de ne frapper que des coups assurés. Déjà, pour le parricide Alexandre, l'expiation avait commencé : beau, bien fait, d'un commerce agréable dans l'intimité, il n'avait jamais été aimé de sa femme, que de son côté il détestait cordialement. Deux filles qu'il en avait eues étaient mortes en bas âge, et ses affections se concentraient maintenant sur une fille naturelle qui venait d'atteindre sa dix-septième année : la mort aussi vint frapper cette dernière au milieu des préparatifs de son mariage. Cet événement porta un coup terrible à la santé d'Alexandre, déjà chancelante. Ses médecins lui ayant conseillé de faire un voyage dans les provinces méridionales de son empire, il quitta, le 25 septembre 1825, Saint-Pétersbourg, qu'il ne devait plus revoir : deux mois après, il mourut comme était mort Paul Ier, non qu'il fût en démence comme ce dernier, mais parce qu'Alexandre n'ayant point de successeur direct, et Constantin, son frère puîné, ayant depuis trois ans renoncé à l'empire pour se marier à son gré, Nicolas, alors âgé de trente ans, était impatient de régner et de reprendre avec vigueur la politique de Pierre Ier, qu'Alexandre, après l'avoir suivie avec quelque ardeur, semblait abandonner.

M. de Nesselrode s'était montré trop rusé, ou, si l'on veut, trop habile diplomate; il avait trop bien travaillé au congrès de Vienne, en 1815, à établir la prépondérance de la Russie sur l'Europe entière, pour que Nicolas renonçât à ses services; il le confirma donc dans son poste de ministre des affaires étrangères; et en même temps, il lui imprima une activité nouvelle.

A cette époque, les Grecs insurgés remplissaient le monde du bruit de leurs exploits; l'occasion était belle pour augmenter les embarras de la Turquie : secourir les Grecs n'était-ce pas travailler au triomphe de l'étendard de la croix? n'était-ce pas arracher des chrétiens à la honteuse domination des barbares enfants de Mahomet? Tel fut le thème sur lequel commença à broder M. de Nesselrode dans ses relations diplomatiques avec les principales puissances européennes. Cela réussit peu près du gouvernement autrichien : M. de Metternich était un trop rude jouteur, en fait de finesses et de ruses, pour ne pas soupçonner. sous cette apparente générosité, l'arrière-pensée du czar et de son ministre. La France et l'Angleterre furent plus faciles à entraîner; en secourant les Grecs, d'ailleurs, elles donnaient satisfaction à l'opinion publique, le peuple de Londres, comme celui de Paris, n'ayant cessé, depuis le commencement de l'insurrection, de montrer pour les Hellènes la plus vive sympathie. Des flottes furent donc envoyées dans l'Archipel grec, et la bataille de Navarin vint achever d'arracher aux Turcs la proie qu'ils s'efforçaient de ressaisir, en même temps que Nicolas et son ministre inventaient toutes sortes de bonnes raisons pour attaquer la Perse et lui enlever quelques nouvelles parcelles de ses provinces.

Il en fut à peu près de même des raisons alléguées par la Russie quelques mois plus tard (1828) pour lancer de nouveau ses armées sur la Turquie. La Prusse n'y trouva rien à redire; le gouvernement français, qui s'appuyait alors sur l'alliance russe, n'éleva pas la moindre difficulté; en Angleterre, le duc de Wellington qui venait de succéder à Canning, ne fit aux projets de Nicolas qu'une insignifiante opposition. Mais cette fois encore le cabinet autrichien opposa une résistance opiniâtre. C'est que M. de Metternich, parfaitement servi par ses éclaireurs, était complétement édifié sur les projets du czar qui, pendant qu'il prenait le ciel à témoin de son désintéressement, mettait tout en œuvre pour faire éclater une révolte formidable au sein de l'empire ottoman, et faisait écrire à son ambassadeur à Constantinople une note confidentielle contenant ce passage des plus explicites :

« Il est de toute nécessité qu'une telle révolution ne nous prenne pas au dépourvu, et vous aurez bien mérité de votre souverain et de votre patrie si vous nous faites connaître les signes précurseurs de cette catastrophe assez à temps pour que l'empereur puisse préparer ses mesures et exercer une influence analogue à la dignité et aux besoins de la Russie sur les combinaisons politiques qui remplaceraient l'empire du croissant. »

L'opposition de M. de Metternich, dans cette circonstance, alla si loin, qu'une rupture éclatante allait s'ensuivre; mais l'Autriche se trouvait alors trop isolée pour recourir aux armes, et les Russes purent envahir la Turquie abandonnée à ses propres forces. Bientôt l'empire ottoman fut à la merci de Nicolas; il ne fallait plus aux Russes qu'un bien faible effort pour s'emparer de Constantinople, lorsqu'ils s'arrêtèrent tout à coup, et la paix fut signée à Andrinople (1829).

Quelle révolution s'était donc opérée dans l'esprit du czar? Avait-il subitement renoncé à ce projet de domination si soigneusement élaboré par Pierre Ier? Non; mais la pensée lui était venue qu'une chute trop prompte de cet empire si longtemps convoité pourrait faire naître des dangers, de graves complications; il avait senti qu'il fallait en quelque sorte habituer l'Europe à le voir maître des destins de la Sublime-Porte, afin d'arriver à ses fins par une transition presque insensible. C'est ce que M. de Nesselrode essayait de faire comprendre au grand-duc Constantin dans une missive qu'il lui adressait sur ce sujet, et qui fut trouvée, avec beaucoup d'autres papiers, dans les archives du grand-duc, à Varsovie, lors de l'insurrection de 1830.

« Il ne tenait qu'à nos armées, disait-il, de marcher sur Constantinople et de renverser l'empire turc. Aucune puissance ne s'y serait opposée, aucun danger immédiat ne nous aurait menacés, si nous avions porté le dernier coup à la monarchie ottomane en Europe; mais, dans l'opinion de l'empereur, cette monarchie, réduite à n'exister que sous la protection de la Russie, et à n'écouter désormais que ses désirs, convenait mieux à nos intérêts politiques et commerciaux que toute combinaison nouvelle qui nous aurait forcés, soit à trop étendre nos domaines par des conquêtes, soit à substituer à l'empire ottoman des États qui n'auraient pas tardé à rivaliser avec nous de puissance, de civilisation, d'industrie et de richesse. C'est sur ce principe de Sa Majesté Impériale que se règlent aujourd'hui nos rapports avec le Divan. Puisque nous n'avons pas voulu la ruine du gouvernement turc, nous cherchons les moyens de le soutenir dans son état actuel. Puisque ce gouvernement ne peut nous être utile que par sa déférence envers nous, nous exigeons de lui l'observation religieuse de ses engagements et la prompte réalisation de tous nos vœux.....

« ..... Les déterminations de Sa Majesté Impériale ne surchargeront pas l'empire ottoman d'un fardeau dont le poids seul pourrait causer sa chute ; mais elles laisseront entre nos mains des clefs de position d'où il nous sera facile de le tenir en échec, et elles consacreront l'existence d'une dette à sa charge qui lui fera sentir, pendant de longues années, sa vraie situation envers la Russie, et la certitude de sa ruine, si elle essayait de la braver une autre fois. »

Tout cela, — qu'on nous passe le mot, — n'était pourtant pas la vérité vraie, et il paraît certain que, sans l'intervention de M. de Metternich, qui, bien que n'agissant pas, n'en était pas moins demeuré menaçant, Nicolas n'eût pas hésité, malgré les autres dangers que nous avons signalés, à renverser le sultan Mahmoud et à trôner à Constantinople. Cette apparente modération n'était donc qu'une concession arrachée par la crainte, et pour le retrait de laquelle on espérait bien ne pas manquer de prétexte en temps opportun ; et cela est si vrai, que, en 1830, tout était préparé en Russie pour une nouvelle et dernière invasion en Turquie, lorsqu'on apprit à Saint-Pétersbourg la chute de Charles X et la révolution qui s'était accomplie dans le gouvernement français.

Nicolas devint furieux à la nouvelle de ces événements, et remettant à un autre temps la conquête définitive de Constantinople, il résolut de marcher contre la France ; mais alors la Pologne, dont il voulait faire son avant-garde, se retourna contre lui, et, en présence de ce nouveau danger, tout fut ajourné.

Les insurgés vaincus, le calme rétabli, on se reprit à la cour de Russie à ourdir cette vieille trame si souvent interrompue et jamais abandonnée, et le czar devint prodigue de flatteries envers l'Autriche, dans l'espoir de vaincre la résistance de M. de Metternich qui, toujours sur la brèche, ne se tenait jamais pour battu. En même temps des agents russes firent tous leurs efforts pour envenimer la querelle qui venait d'éclater entre le pacha d'Égypte et le sultan son suzerain. Ces deux derniers prirent les armes. Alors il arriva ce que la Russie avait prévu : le pacha battit son suzerain, et les Russes, sous le prétexte de secourir

l'empire ottoman, dont l'existence était menacée, campèrent bientôt sous les murs de Constantinople, d'où ils ne se retirèrent qu'après le traité d'Unkiar-Skelessi qui mettait à leur merci la Turquie presque entière.

L'empereur Nicolas touchait donc encore une fois au but de tous ses efforts, de toutes ses intrigues, lorsque la révolution française de 1848 vint ébranler la plupart des trônes de l'Europe et menacer le czar lui-même contre lequel la Pologne se leva de nouveau. On sait avec quelle apparente générosité l'empereur Nicolas vint alors au secours de l'Autriche vaincue par les Hongrois insurgés, suivant ainsi partout et toujours la règle de conduite tracée par Pierre Ier : « *Prendre part en toute occasion aux affaires et démêlés quelconques de l'Europe, et surtout à ceux de l'Allemagne, qui, plus rapprochée, intéresse plus directement.* »

En s'attachant ainsi l'Autriche par les liens de la reconnaissance, le czar espérait faire taire complètement cette opposition qui avait si longtemps entravé l'exécution de ses projets sur la Turquie. Les insurgés hongrois anéantis, la démagogie vaincue, terrassée, il semblait que la puissance russe n'eût plus qu'à marcher droit devant elle, sans avoir à redouter le moindre obstacle ; aussi, dès ce moment, Nicolas et tous les élèves de l'école de M. de Nesselrode commencèrent-ils à saisir toutes les occasions de proclamer que l'empire ottoman était près de tomber en dissolution, que rien ne pouvait plus empêcher sa chute.

« C'est un homme gravement malade, disait le czar, qui peut mourir d'un jour à l'autre et rester sur les bras de l'Europe. »

Et ce prophète de mort croyait dire vrai, car il avait résolu de profiter de la plus prochaine crise de la victime pour lui donner le coup de grâce.

« Nous ne pouvons pas ressusciter ce qui est mort, disait-il à l'ambassadeur anglais, sir Hamilton Seymour ; si l'empire turc tombe, il tombera pour ne plus se relever... Je désire voir se maintenir le pouvoir du sultan ; mais s'il le perd, c'est pour toujours... L'empire ottoman est une chose qu'on peut tolérer, mais non pas reconstruire, et je vous jure que je ne souffrirais pas qu'on brûlât une seule amorce en faveur d'une pareille cause. »

Ainsi l'arrêt était prononcé ; il ne fallait plus qu'un prétexte pour le mettre à exécution. Ce prétexte, l'empereur Nicolas crut l'avoir trouvé dans la question des lieux-saints, qui s'agitait incessamment depuis plusieurs siècles. Quelle était donc en réalité cette question d'où surgirent tant de sinistres fantômes dans ces derniers temps ?

Chapelle souterraine de Bethléem.

CHAPITRE II

QUESTION DES LIEUX SAINTS

Intolérance des chrétiens du rite grec. — Intervention de Louis-Philippe en faveur des Latins. — Intrigues de la Russie. — Propositions secrètes de l'empereur Nicolas à l'Angleterre. — Note de M. de Nesselrode adressée au ministère français.

Si la question des lieux saints, qui semble au premier abord si facile à résoudre, est depuis des siècles la cause de querelles incessantes, des récriminations et revendications les plus fâcheuses et de négociations interminables, la faute n'en est pas aux sultans qui se sont succédé jusqu'à ce jour, et pour lesquels Bethléem, Nazareth, Jérusalem et autres lieux sanctifiés par la naissance, la vie et la mort de Jésus-Christ n'ont aucune importance religieuse ; c'est à eux-mêmes, il faut bien le dire, que les chrétiens des rites latin et grec doivent s'en prendre de ces déplorables dissensions.

Quoi de plus simple, de plus rationnel que tous les sanctuaires restent ouverts aux chrétiens des différentes communions, et que tous puissent également y accomplir leurs dévotions? Mais, au lieu de s'unir par une pieuse et fraternelle tolérance, grecs et latins n'ont

cessé jusqu'à ce jour de réclamer, chacun de leur côté, des droits exclusifs, et qui, à cause même de cette exclusivité, ne pouvaient pas avoir de durée.

Appelés à prononcer sur des contestations sans cesse renouvelées, les sultans, dont près de la moitié des sujets sont chrétiens du rite grec, étaient naturellement portés à favoriser ces derniers; de leur côté, les latins en appelaient aux souverains de la France, seuls capables de leur prêter un véritable appui; mais comme les décisions de ces monarques ne pouvaient être appuyées en Palestine d'aucune force coercitive, elles n'amenaient que de longues négociations, dont le résultat était presque insignifiant.

Tel était l'état des choses, lorsque, dans un traité conclu entre François 1er et le sultan Soleyman, il fut stipulé que les latins resteraient en possession à perpétuité des sanctuaires qu'ils avaient alors. Ces sanctuaires étaient au nombre de dix-neuf; mais ce nombre ne fut pas mentionné dans le traité, non plus que dans un autre traité conclu en 1740, où cette clause fut ratifiée purement et simplement, sans aucun commentaire.

La porte restait donc ouverte aux prétentions, aux revendications, aux envahissements des grecs, dont l'intolérance ne cessa de se manifester dès lors par des actes de spoliation et les plus coupables déprédations : ainsi, des dix-neuf sanctuaires que les latins possédaient en 1740, douze, en 1846, leur avaient été enlevés, parmi lesquels étaient la grande église de Bethléem et une partie du jardin y attenant, la coupole du saint sépulcre et le tombeau de la Vierge. En outre, les grecs avaient fait disparaître de la grotte de Bethléem, où naquit le sauveur des hommes, l'étoile d'argent avec une inscription latine que les catholiques romains, anciens possesseurs de ce lieu, y avaient placée. Enfin les grecs se livrant aux actes d'une impitoyable barbarie, avaient détruit les tombeaux de Baudouin, de Godefroy de Bouillon, et tous ceux des autres rois des croisades. Les empiétements de ces fanatiques ne se ralentissant point, les latins ne pouvaient manquer d'être, dans un avenir très-prochain, totalement évincés de la Terre-Sainte, sans qu'il leur restât des lieux consacrés par le Sauveur autre chose qu'un douloureux souvenir.

C'était le devoir du gouvernement français de ne pas souffrir cette coupable spoliation, et Louis-Philippe, bien qu'il n'eût pas pris, comme ses prédécesseurs, le titre de roi *très-chrétien*, n'hésita pas à se faire le défenseur des latins, dont les plaintes retentissaient dans toute la chrétienté. M. de Bourquency, alors ambassadeur à Constantinople, reçut l'ordre de faire au gouvernement ottoman d'énergiques représentations, et d'exiger la restitution aux latins de tous les lieux dont ils avaient été violemment et injustement expulsés. Mais telles sont les lenteurs diplomatiques, que le résultat de ces négociations devait se faire longtemps attendre. Le sultan, après avoir entendu les plaintes de l'ambassadeur, répondit que l'affaire serait soumise au divan, et le divan mit à l'examiner tant de mauvais vouloir, qu'elle n'avait point fait un pas lorsque éclata à Paris la révolution de février 1848.

Le gouvernement républicain, qui succéda à Louis-Philippe, se trouva d'abord dans de trop graves embarras pour s'occuper de cette question des lieux-saints; mais il ne l'abandonna pas complétement, et lorsque, en 1850, les affaires eurent à peu près repris en France leur état normal, le général La Hitte, ministre des affaires étrangères, songea à faire rendre justice aux latins; des notes furent par lui adressées à toutes les puissances catholiques, et il obtint du pape que Sa Sainteté employât, dans le même sens, toute son influence sur ces mêmes puissances pour obtenir leur concours.

Loin de s'effrayer de la tournure que prenaient les choses, l'empereur Nicolas s'en réjouit : rien n'entrait mieux dans ses vues et ne pouvait être plus favorable à ses desseins que l'aggravation de cette question, et des agents russes eurent mission d'encourager les grecs dans leurs prétentions en leur promettant que l'appui du czar ne leur manquerait en aucun cas. Ces intrigues étaient si évidentes, si bien connues de la diplomatie européenne, que le général Aupick, envoyé extraordinaire de la république française à Constantinople, ayant fait part officieusement de l'objet de sa mission à l'ambassadeur anglais, sir Stratford Canning, aujourd'hui lord Stratford de Redcliffe, ce dernier fut dès lors convaincu que l'intervention de la Russie ne se ferait pas attendre; cette conviction il l'exprimait en ces termes, dans une lettre à lord Palmerston, ministre des affaires étrangères à Londres :

« Une question, qui excitera vraisemblablement beaucoup de discussions et d'irritation, est sur le point de s'élever entre les intérêts rivaux des églises latine et grecque dans ce pays. Le point en litige est le droit de possession à certaines parties de l'église du Saint-Sépulcre, à Jérusalem. On accuse les grecs d'avoir usurpé des propriétés qui appartenaient de droit aux catholiques romains, et d'avoir à dessein laissé tomber en ruines les chapelles, et particulièrement les tombeaux de Godefroy de Bouillon et de Guy de Lusignan. La légation française croit être autorisée, par le traité de 1740, à entreprendre la revendication des droits allégués de l'église latine. Le consul français à Jérusalem, M. Botta, est arrivé récemment ici, et il repart pour seconder cette cause. Le général Aupick, qui a reçu des instructions de Paris, et à qui je suis redevable d'une ouverture verbale à ce sujet, a réclamé une conférence, dans l'intention probablement de mettre cette affaire sous les yeux du gouvernement turc...

« Le général Aupick m'a assuré qu'il s'agit simplement d'une question de propriété et d'une stipulation expresse de traité; mais il est difficile de séparer une pareille question des considérations politiques, et une lutte d'influence générale, *surtout si la Russie, comme on peut s'y attendre, intervient en faveur de l'église grecque,* sortira probablement de la discussion imminente. »

C'est vers la fin de mai 1850 que le général Aupick adressa à la Porte, sur cette affaire, une première note empreinte de la plus louable modération, dans laquelle il demandait que la question fût examinée par une commission mixte que nommerait le ministère ottoman. Cette proposition fut accueillie; on nomma la commission, à laquelle furent remis tous les documents qui pouvaient l'éclairer; mais à peine l'examen de ces pièces était-il commencé, que, ainsi que l'avait parfaitement prévu l'ambassadeur anglais, intervint l'empereur Nicolas, qui, s'arrogeant le protectorat de l'église grecque, écrivit une lettre autographe au sultan pour se plaindre des ministres ottomans, qui, disait-il, s'étaient laissé séduire par l'ambassadeur français, et avaient, contre toute justice, reconnu la validité du traité de 1740, depuis longtemps tombé en désuétude.—

La question se serait ainsi trouvée tout d'abord singulièrement envenimée, à la grande satisfaction du czar, qui avait résolu d'en faire sortir la guerre, si le sultan, plein de modération, n'avait cherché, par amour pour la paix, à ôter, par une combinaison nouvelle, tout prétexte aux récriminations de ce genre : il prit donc le parti de dissoudre la commission mixte, et de la remplacer par une autre commission entièrement composée de fonctionnaires musulmans, lesquels devaient être naturellement enclins à favoriser l'Église grecque à laquelle appartient la moitié des sujets de la Porte, au détriment de l'Église latine.

L'empereur de Russie, qui s'était attendu à un tout autre résultat, se tourna alors vers le gouvernement français; il lui représenta qu'il était humiliant pour les deux Églises chrétiennes d'être régentées par des mahométans. L'affaire des lieux saints, disait-il, pouvait être promptement réglée, et de la manière la plus satisfaisante, entre la France et la Russie qui, ensuite, feraient accepter leur décision au sultan. Mais la France, au grand honneur de sa diplomatie, refusa de se rendre complice de cette trahison; édifiée depuis longtemps sur les tendances et les menées du czar, elle déclara ne vouloir traiter qu'avec la Porte dont elle reconnaissait la loyauté.

La ruse, la perfidie russes commençaient ainsi à se déceler en attendant qu'elles se montrassent au grand jour, appuyées sur les immenses forces militaires que le czar rassemblait déjà longtemps avant qu'il fût question de ce différend.

Cependant la nouvelle commission nommée par le gouvernement ottoman allait se réunir, contrairement aux exigences de la Russie, qui montrait pour les membres de cette espèce de jury autant de dédain qu'elle en avait témoigné pour ceux de la commission mixte. Le sultan, dont la loyauté ne se démentit pas un seul instant pendant ces déplorables débats, crut alors avoir trouvé le moyen de mettre d'accord les parties contendantes, et il proposa de rendre communs à tous les chrétiens, de quelque communion qu'ils fussent, les lieux saints qui auraient dû toujours être pour eux un lien indissoluble de fraternité, et qui n'avaient été jusqu'alors qu'une cause d'incessantes dissensions.

Le czar rejeta ce moyen de conciliation comme il avait rejeté tous les autres. La commission, composée de fonctionnaires musulmans, se mit donc à l'œuvre, en dépit des violentes réclamations de l'empereur Nicolas; mais la crainte qu'inspirait la Russie ne fut pas sans influence sur la décision des commissaires turcs dont les résolutions, prises à l'unanimité, furent ainsi formulées :

1° La grande coupole du Saint-Sépulcre sera désormais commune aux deux rites grec et latin.

2° La petite coupole, dite coupole de l'Ascension, dans laquelle les latins ont jusqu'à ce jour été admis à officier, reste désormais affectée au culte grec auquel elle a été adjugée par d'anciens firmans.

3° Les latins sont admis à officier dans le sanctuaire du tombeau de la Vierge, d'où ils ont été bannis jusqu'à ce jour, à la condition toutefois de n'apporter aucun changement à l'intérieur de ce sanctuaire, et d'en enlever tous les objets de leur culte après avoir officié.

4° Bien qu'il paraisse probable que l'église de Bethléem ait été bâtie par les latins, elle continuera à appartenir aux grecs qui la possèdent depuis des siècles. Néanmoins, la grotte de la Nativité étant placée sous l'autel de ce sanctuaire, une clef de l'église et deux clefs du sanctuaire seront remises aux latins.

Évidemment cette décision ne donnait qu'une bien médiocre satisfaction aux catholiques romains; c'était, à fort peu de chose près, le *statu quo* dont la Russie avait impérieusement déclaré ne pouvoir ou ne vouloir se départir. Aussi fut-elle admise par les ministres de la Porte, et le sultan, en la transmettant au czar, en réponse à la lettre autographe qu'il en avait reçue, disait-il dans cette réponse, également autographe, qu'il était déplorable qu'un souverain loyal ait pu accuser d'illoyauté un autre souverain qui n'était coupable que de s'être montré fidèle à la foi des traités.

Les latins trouvèrent que ces décisions étaient bien loin de sauvegarder leurs intérêts; mais, par esprit de conciliation, ils se résignèrent. Il en fut tout autrement des grecs, qui opposèrent à leur réalisation une résistance d'autant plus opiniâtre qu'ils se sentaient appuyés par la puissance russe invincible.

Certes, la France avait montré dans ces différentes circonstances un grand désir de conserver la paix; elle devait bientôt faire preuve d'une résignation plus grande encore. Notre ambassadeur, M. de Lavalette, ayant obtenu un congé, venait à peine de quitter Constantinople, que le ministre russe, M. de Titof insistait près du divan pour obtenir la révocation de tout ce qui avait été arrêté, déclarant que cet arrangement ne saurait en aucun cas être accepté par la Russie, le czar ayant résolu de ne souffrir à aucun prix que les droits des grecs, dont il était le protecteur, fussent en rien méconnus. Son langage menaçant, et les immenses armements ordonnés par l'empereur Nicolas, effrayèrent tellement le divan que, cédant sous cette pression, il donna un firman qui frappait de déchéance le traité de 1740 entre la France et la Porte ottomane, et déclarait injustes les prétentions des latins, sans pourtant annuler les concessions récemment obtenues par ces derniers.

A son retour, M. de Lavalette se plaignit amèrement de ce manque de foi ; mais, comme le firman n'aggravait pas la situation des latins, au moins dans le présent, l'ambassadeur français se borna à exiger que ce firman ne fût pas lu aux communautés rassemblées à Jérusalem, et qu'on se contentât de l'enregistrer seulement, ce qui lui fut solennellement promis. Heureuse de pouvoir ainsi raviver la querelle, la Russie redoubla ses menaces, demandant impérieusement que le firman fût solennellement lu et proclamé dans la forme ordinaire. Le divan, toujours faible, espéra l'apaiser en décidant que le firman serait lu seulement en présence du patriarche grec de Jérusalem, du pacha, du mufti et du cadi de cette ville, et, pour achever de désarmer le ministre russe, il lui fut promis, par lettre vizirielle, que, contrairement aux décisions de la commission, la clef de la grande porte de l'église de Bethléem ne serait pas remise aux latins.

Tout cela n'ayant abouti qu'à rendre la Russie plus exigeante et plus menaçante, les négociations cessèrent sans pourtant être rompues complétement. Enfin le ministère ottoman, fatigué de faire d'inutiles concessions à cette puissance que rien ne pouvait satisfaire, en revint loyalement aux termes des traités antérieurs entre la France et la Turquie, et déclara qu'il ne s'en départirait plus. C'était précisément là qu'avait voulu l'amener le czar, qui ne cessait de concentrer des troupes près des frontières turques, en même temps qu'il flattait l'Angleterre, qui n'avait pris jusque-là qu'une part toute passive au débat, et qu'il préludait à des avances plus positives par cette lettre que M. de Nesselrode écrivait, le 14 janvier 1853, au baron Brunow, ambassadeur de Russie à Londres, pour être communiquée au gouvernement anglais.

« Je profite du courrier que j'expédie aujourd'hui à Votre Excellence, pour lui accuser la réception de son expédition du 17-29 décembre, et vous assurer du vif intérêt avec lequel nous en avons pris lecture. L'empereur a surtout été très-satisfait des premières explications que vous avez échangées avec le chef de la nouvelle administration britannique, et des soins que vous avez pris pour bien établir dans son esprit, comme dans celui de lord John Russell, avec lequel nous aurons désormais à traiter plus particulièrement, les points principaux sur lesquels vont s'engager nos relations avec le nouveau ministère. Parmi ceux que vous avez touchés, nous avons surtout remarqué ce qui concerne notre situation actuelle en Turquie, et le compte que vous avez rendu à lord Aberdeen et à lord John Russell du véritable caractère de la grave question des lieux saints.

« Vous aviez déjà abordé ce sujet avec lord Malmesbury au moment où il se retirait des affaires, et vos efforts pour le lui faire envisager sous son vrai jour n'avaient pu que rencontrer l'approbation de notre auguste maître. Malheureusement les démarches que Votre Excellence avait cherché à obtenir de lui, tant à Paris qu'à Constantinople, se rapportaient à une situation qui n'est plus la même aujourd'hui. A cette époque, les démarches de l'ambassadeur de France en Turquie, et ses menaces pour forcer les ministres ottomans à éluder l'exécution du firman, n'avaient pas encore définitivement réussi. On pouvait conserver l'espoir que les représentations de l'Angleterre au cabinet français auraient pour effet d'arrêter M. de Lavalette dans sa marche. Cet espoir a été frustré. Depuis lors, les efforts de l'ambassade française ont triomphé à Constantinople. Non-seulement le firman, revêtu du hatti-chériff du sultan, n'a pas été exécuté à Jérusalem, mais il a été traité avec dérision par les ministres de Sa Hautesse. A l'indignation de toute la population du rit grec, la clef du temple de Bethléem a été livrée aux latins de façon à constater publiquement leur suprématie religieuse en Orient.

« Le mal est donc fait, monsieur le baron, et ce n'est plus de le prévenir qu'il s'agit ; il faut maintenant y porter remède. Les immunités du rit orthodoxe lésées, la parole que le sultan avait donnée solennellement à l'empereur violée, exigent un acte de réparation quelconque : c'est à l'obtenir qu'il faut travailler. Voilà l'état actuel de la question.

« Si nous prenions pour exemple les procédés impérieux et violents qui ont conduit la France à ce résultat ; si nous étions, comme elle, indifférents à la dignité de la Porte, aux conséquences qu'un remède héroïque peut exercer sur une constitution déjà aussi fortement ébranlée que celle de l'empire ottoman, notre marche serait toute tracée, et nous n'aurions pas de longues réflexions à faire : la menace et l'emploi de la force seraient nos moyens immédiats. On a appelé le canon la dernière raison des rois : le gouvernement français en fait sa raison première. C'est l'argument par lequel

Types pris à Constantinople.

il a déclaré de prime-abord vouloir débuter à Tripoli comme à Constantinople.

« Malgré nos griefs légitimes, et au risque d'en attendre quelque temps de plus le redressement, nous chercherons à adopter une méthode moins expéditive. Nous voulons encore, de même que nous l'avons toujours voulu, la conservation de l'empire ottoman, comme étant, à tout prendre, la combinaison la moins mauvaise à interposer entre tous les intérêts européens qui ne manqueraient pas de se heurter violemment en Orient, si le vide venait à s'y faire. Nous nous efforcerons conséquemment d'éviter jusqu'au bout, autant qu'il peut dépendre de nous sans compromettre notre honneur, tout ce qui serait de nature à ébranler encore davantage ce corps si faible et si chancelant, au risque de le faire tomber en poudre.

« Quoique nous ayons vainement tâché jusqu'ici de rendre la Porte accessible aux conseils de la raison, nous allons faire encore dans ce but une dernière tentative conciliante. Nous sommes donc en ce moment à la recherche d'un arrangement qui puisse rendre au firman la validité qu'on lui a ôtée, rétablir à Jérusalem les deux rites sur un pied d'égalité, et concilier leurs prétentions sans léser les droits de l'un et de l'autre. Les conseils pacifiques, mais fermes, dont ces propositions seraient accompagnées, auront pour but d'éclairer la Porte sur les conséquences des torts qu'elle s'est donnés par faiblesse envers nous, et en même temps de la rassurer contre les éventualités qui la préoccupent et l'effraient du côté de la France. Les bases principales de cet arrangement sont déjà arrêtées dans la pensée de l'empereur, et dès que Sa Majesté les aura fixées définitivement, je ne manquerai pas, monsieur le baron, de les faire connaître à Votre Excellence.

« Mais tout en désirant et voulant fermement n'employer que des moyens pacifiques, il est toutefois une considération que nous n'avons pu perdre de vue : c'est que l'ascendant moral de la France a pris de telles proportions à Constantinople, qu'il devient fort à appréhender que toutes nos démarches ne finissent par échouer contre l'idée que les conseillers du sultan se sont faite de la force irrésistible du gouvernement français. Il peut arriver que la France, en voyant balancer la Porte, ait recours encore une fois à son système comminatoire, et pèse sur elle de manière à l'empêcher de prêter l'oreille à nos justes réclamations. La partie devient très-inégale entre nous et le gouvernement français, si, tandis que celui-ci fait mouvoir sans opposition son escadre sur tous les points de la Méditerranée et présente la moindre de ses démarches à la bouche du canon, nous laissons indéfiniment s'enraciner dans l'esprit des Turcs l'idée de notre impuissance à les défendre, comme à protéger nos propres intérêts.

« L'empereur a donc cru devoir aviser d'avance à quelques mesures de précautions pour appuyer nos négociations, neutraliser l'effet des menaces de M. de Lavalette, et se prémunir, en tout état de cause, contre les entreprises d'un gouvernement habitué à procéder par surprises. Nos mesures n'ont point le but de mettre en question d'aucune manière l'indépendance de la Porte ottomane ; elles ont au contraire celui de maintenir cette indépendance contre une dictature étrangère, en assurant le repos du sultan, en relevant son autorité compromise par l'ambassadeur de France aux yeux de ses sujets du rit grec, qui forment en Europe la majorité de la population de ses États. C'est vous dire, monsieur le baron, que, dans la pensée de l'empereur, la destination de nos préparatifs est d'avoir un effet plus moral que matériel. »

« Comme les bruits exagérés qui se sont déjà répandus à ce sujet pourraient inspirer des alarmes, il nous importait d'établir le véritable esprit de nos intentions. Nous espérons que le gouvernement anglais ne se méprendra pas sur leur nature. Les preuves de modération qu'a données l'empereur dans sa conduite avec la Turquie, en tant d'occasions antérieures, sont un gage que, dans celle-ci, il ne se départira pas des mêmes principes. Un intérêt commun appelle l'Angleterre comme la Russie à veiller à la conservation de la paix en Orient. Cet intérêt, nous l'invoquons en nous adressant franchement aujourd'hui à l'impartialité du gouvernement britannique. Si, comme nous n'en doutons pas, il tient aussi fortement que nous au *statu quo* oriental, c'est à lui qu'il appartient d'élever à présent la voix. Nous aider à Constantinople à dissiper l'aveuglement ou la peur panique des Turcs ; ramener à Paris le cabinet français aux conseils de la prudence, telle doit être, selon nous, la double tâche des ministres anglais, et, s'ils veulent la prendre sur eux, les négociations que nous allons ouvrir se résoudront, nous l'espérons, sans danger pour la paix orientale.

« C'est à agir auprès d'eux en ce sens que l'empereur vous charge, monsieur le baron, de consacrer tous vos efforts et votre zèle. »

Jamais tissu de mensonges ne fut disposé avec plus d'art, plus de ruse, plus de souplesse, plus d'apparente bonne foi qu'il ne s'en trouve dans cette dépêche ; c'est un véritable tour de force de dissimulation, d'adresse, de machiavélisme et de précautions oratoires ; et ce n'était pourtant que le début de l'odyssée diplomatique que devaient enfanter le czar et ses ministres. C'est à partir de ce moment que l'empereur Nicolas insista plus particulièrement sur ce point que la chute de l'empire ottoman est imminente, et c'est surtout l'ambassadeur anglais à Saint-Pétersbourg qu'il s'efforce de convaincre de cette prochaine et inévitable catastrophe.

Sir Hamilton Seymour était heureusement assez habile pour saisir la vérité cachée dans les phrases du czar ; aussi faisait-il observer en les transmettant à son gouvernement qu'il ne pouvait être douteux qu'un souverain qui insistait avec une telle opiniâtreté sur la chute d'un État voisin n'eût arrêté dans son esprit que l'heure était venue, non pas d'attendre sa dissolution, mais de la provoquer, observation confirmée par ces paroles de lord Clarendon, ministre des affaires étrangères, « que rien n'est plus propre à précipiter la chute de la Turquie que de prédire sans cesse qu'elle sera prochaine. »

Le czar crut alors que le moment était venu de faire

au gouvernement britannique des ouvertures plus positives. Revenant donc sur la chute prochaine de l'empire ottoman, il déclare qu'il ne souffrira pas que l'on fasse de la Turquie un empire chrétien, ni que le royaume de Grèce soit agrandi aux dépens de la puissance tombée, ni que le territoire turc soit divisé en petits États indépendants. Que·fera-t-il donc pour écarter ces diverses éventualités? Une chose toute simple selon lui : il s'emparera de Constantinople, mais simplement comme dépositaire, et en attendant que les puissances occidentales aient pu s'entendre sur cette grande affaire; et si l'Angleterre ne s'oppose pas à l'exécution de ce programme, il s'engage à lui laisser prendre l'Égypte et Candie. Que cela convienne ou non à l'Autriche et à la Prusse, peu lui importe : l'Autriche qu'il a sauvée lui est trop reconnaissante pour s'opposer à ses vues, et la Prusse, à laquelle pourtant l'attachent des liens de famille, ne semble pas valoir la peine qu'il en fasse mention.

En même temps qu'il jetait cette amorce à l'Angleterre, le czar se préparait à frapper un grand coup, et vers la fin de 1853 il nommait le prince Menschikoff ambassadeur extraordinaire à Constantinople; avis de cette nomination fut donné le 5 février à sir Hamilton Seymour par M. de Nesselrode. « Les instructions du nouvel ambassadeur sont un peu vagues, disait le ministre russe, et il n'en saurait être autrement, tant la légation française s'est efforcée d'embrouiller la question. Toutefois, nous ne voulons pas revenir sur les priviléges acquis aux latins, et nous ne demanderons pour les grecs qu'un équivalent de ces priviléges. »

Trois jours après (8 février 1853), M. de Nesselrode adressait à M. de Kisseleff, ambassadeur russe à Paris, la note suivante pour être communiquée au ministère français :

« Le cabinet impérial ne négligera aucun moyen pour hâter une conclusion si désirable sous tant de rapports, et à laquelle la Russie entière prend le plus sérieux et le plus légitime intérêt. Il se plaît à compter sur les dispositions et le concours de la France. Il ne doute pas de la coopération efficace que la cour impériale d'Autriche, appelée par ses traités avec la Turquie à intervenir dans la question, y apportera de son côté.

« C'est dans ce sens que *nous allons faire à Constantinople de nouvelles et énergiques démarches* qui, tout en rappelant à la Porte ses engagements vis-à-vis de nous, la convaincront, il faut l'espérer, qu'il n'y a en réalité ni conflit ni antagonisme entre nous et la France aujourd'hui, pas plus qu'à d'autres époques, pour ce qui concerne l'ordre établi depuis des siècles

dans les lieux vénérés de la Palestine; que toutes les grandes puissances de l'Europe désirent également la conservation de l'empire ottoman, la tranquillité intérieure et l'indépendance de son gouvernement dans ses actes, lorsque la justice et ses propres intérêts les lui commandent.

« Nous sommes convaincu, d'après les termes de la dernière communication dont le général de Castelbajac (ambassadeur de France à Saint-Pétersbourg) a été chargé, que les instructions dont l'ambassade de France à Constantinople est déjà munie à cette heure s'accordent avec les vues que nous venons de développer ici avec autant de franchise que de confiance. Dans ce cas, l'entente, qui n'a pu jusqu'ici s'établir entre nos représentants à Constantinople autant que nous l'avions désiré, pourra avoir incessamment les plus heureux résultats dans la question qui nous préoccupe. »

Mais la France, pas plus que l'Angleterre, ne fut dupe de ce langage insidieux, et le ministère français, en conséquence de l'impression qu'il en reçut, donna des instructions à M. de Lacour, qui avait remplacé à Constantinople M. de Lavalette, rappelé sur sa demande. Les desseins de la Russie étaient dès lors tellement percés à jour, qu'elle ne pouvait plus rien perdre à les avouer ouvertement, ce qui explique suffisamment la conduite du prince Mentschikoff, dont nous allons parler tout à l'heure.

CHAPITRE III

MISSION DU PRINCE MENSCHIKOFF

Origine de la famille princière Menschikoff. — Le prince Menschikoff envoyé à Constantinople en qualité d'ambassadeur extraordinaire. — Conduite de cet ambassadeur à son arrivée dans la capitale de l'empire ottoman. — Démission de Fuad-Effendi, ministre des affaires étrangères du sultan. — Négociations, ruses diplomatiques. — Conduite hautaine du prince Menschikoff. — Modération du sultan. — Rupture des négociations. — Le prince Menschikoff quitte Constantinople. — Les escadres française et anglaise s'approchent des Dardanelles.

Le czar Pierre 1ᵉʳ, qui sortait presque toujours à pied et simplement vêtu, eut un jour la fantaisie d'acheter quelques gâteaux à un jeune apprenti pâtissier qui venait chaque matin s'installer à la porte principale du palais. Tout en faisant son emplette, le czar interroge le jeune garçon, qui à ses questions répond qu'il se nomme Menschikoff, et qu'il est fils d'un valet de la cour.

« Et pourquoi n'es-tu pas, comme lui, employé au palais? demande Pierre.

— Oh! répond l'apprenti, c'est qu'il n'est pas facile d'entrer au service du czar, quoiqu'on y gagne souvent plus de coups de *battogues* que de roubles.

— Ainsi c'est la peur qui t'éloigne de son service? »

Menschikoff regarda le czar en face, et lui dit avec la plus grande assurance :

« Je n'ai peur de rien.

— Voilà une audace qui me plaît, reprit Pierre, et pourvu que tes actions ne démentent pas tes paroles, tu n'auras pas à t'en repentir. Présente-toi au palais dans une heure, et demande à parler au czar..... Le czar c'est moi. »

En prononçant ces dernières paroles, Pierre examina attentivement le jeune homme. Celui-ci s'inclina respectueusement; mais il releva promptement la tête, et dit sans plus de trouble qu'auparavant.:

« Votre Majesté sera obéie. »

Ce jour-là même, Menschikoff était installé au palais. Pierre, auquel ses reparties plaisaient, le faisait souvent venir près de lui, et il ne tarda pas à se convaincre qu'il y avait chez l'ex-apprenti pâtissier l'étoffe d'un homme de génie. S'inquiétant peu que des talents qui lui seraient utiles fussent soutenus par le hasard de la naissance, il donna des maîtres à son jeune favori, qui se livra à l'étude avec autant de zèle que de succès.

Menschikoff était lieutenant dans la compagnie des bombardiers du régiment Préobazinski, lorsque Pierre l'emmena avec lui à Nowgorod, menacée par Charles XII; quatre ans plus tard, l'ex-garçon pâtissier était successivement devenu colonel, général-major, prince, et gouverneur de l'Ingrie, dont le czar venait de se rendre maître.

Telle est l'origine de cette famille princière : l'amiral prince Alexandre Menschikoff, dont le nom et les actes ont eu tant de retentissement dans ces derniers temps, est le petit-fils du jeune protégé de Pierre Iᵉʳ, dont les talents et le courage avaient justifié l'élévation. Le prince amiral est âgé d'environ soixante-dix ans; sa taille est moyenne; il a l'air dur, la parole impérieuse, le geste presque toujours menaçant; mais tout cela s'adoucit singulièrement devant le maître, ce qui explique suffisamment la faveur dont il jouit et les hautes dignités auxquelles il a été élevé. — Nous ne voulons pas dire, toutefois, que ce personnage soit dépourvu de tout mérite; il ne manque ni d'énergie ni de talents militaires, et il a souvent donné des preuves du plus grand courage, notamment en 1829, au siége de Varna, où un boulet le blessa grièvement aux deux jambes, accident auquel est dû sa démarche difficile et chancelante.

Nommé ambassadeur extraordinaire à Constantinople, le prince Menschikoff se rendit d'abord à Sébastopol, où il passa, avec beaucoup de bruit et d'éclat, la revue de l'immense flotte qui y était réunie, et d'une armée de cent mille hommes qui occupe depuis vingt ans cette ville et ses environs; et ce fut précédé du récit de cette revue, dont l'importance avait été à dessein considérablement exagérée, qu'il arriva à Constantinople le 28 février 1853.

Rien n'avait été négligé pour que l'entrée du prince dans cette capitale produisît une grande sensation; stipendiés par les agents russes, près de dix mille Grecs l'attendaient à Top-Hané, où il arriva à bord du vapeur *le Foudroyant*, et lui firent, dès qu'il fut à terre, un immense cortége, aux acclamations duquel il se mit en marche pour se rendre à son hôtel, accompagné du prince Galitzin, aide de camp de l'empereur, du comte Dimitri de Nesselrode, fils du ministre des affaires étrangères, et de tout le personnel de la légation russe.

En même temps que cette marche triomphale mettait Constantinople en rumeur, le bruit se répandait dans cette ville que la formidable flotte de Sébastopol se disposait à mettre à la voile; que plusieurs corps d'armée se concentraient en Bessarabie, et qu'une nombreuse avant-garde était arrivée sous les murs de Jassy.

Tout ce fracas eut en partie l'effet qu'en attendait le prince ambassadeur, c'est-à-dire que les musulmans en parurent visiblement émus. Grâce aux Grecs, soudoyés par le czar, on se faisait depuis longtemps déjà, en Turquie, un fantôme monstrueux de la puissance militaire des Russes; on y prenait à la lettre ces énonciations hyperboliques qui portaient l'ensemble des divers corps d'armée de l'empereur Nicolas à douze cent mille hommes, et qui montraient ses flottes assez fortes pour subjuguer à elles seules le monde entier.

Mettant à profit cette disposition d'esprit des enfants de Mahomet, le prince Menschikoff donna immédiatement essor à son humeur violente et despotique. Dès le lendemain de son arrivée, il envoya ses lettres de créance à Fuad-Effendi, ministre des affaires étrangères du sultan; vingt-quatre heures après, il sortit de son hôtel pour se rendre à la Porte.

On put dès lors se convaincre que le prince avait surtout compté, pour le succès de son ambassade, sur le système d'intimidation qui déjà tant de fois avait réussi au cabinet russe : se dépouillant tout à coup de cette auréole de grandeurs dont son débarquement

Le prince Menschikoff.

avait été environné, le petit-fils du pâtissier Menschikoff se rendit au palais dans un costume civil d'un
négligé inouï et sans aucune décoration.

Le grand vizir, par patriotisme, se montra insensible à ces procédés outrageants. La conférence ne
dura que quelques instants, après lesquels le prince
sortit pour retourner à son hôtel. On lui fit alors observer qu'il était d'usage qu'un ambassadeur, après avoir
été reçu par le grand vizir, fît visite au ministre des
affaires étrangères.

Ce ministère était alors occupé par Fuad-Effendi, un
des hommes d'État les plus remarquables de notre
temps, et qui à une grande perspicacité joint une entente parfaite des affaires et des connaissances très-
étendues. Fuad-Effendi est commandeur de la Légion
d'honneur; il parle le français et l'anglais avec une
grande facilité, et dans diverses missions diplomatiques
dont il a été chargé depuis dix ans, il a rendu à son pays
de très-grands services. C'est lui qui, en 1849, fut
nommé ambassadeur extraordinaire à Saint-Pétersbourg pour régler les affaires des principautés danubiennes. Il put alors étudier la Russie, se faire une juste
idée de ses forces, de ses moyens d'action, et bientôt
convaincu que l'on avait partout une opinion exagérée
des ressources de cette puissance, il n'avait cessé jusqu'alors de combattre les injustes prétentions de l'autocrate.

Le prince Menschikoff n'ignorait rien de tout cela;
il savait parfaitement que Fuad-Effendi était, à Constantinople, l'adversaire le plus redoutable qu'il eût à
combattre; aussi avait-il résolu de ne rien négliger
pour le renverser. Il répondit donc à l'introducteur

des ambassadeurs, qui l'invitait à entrer chez le ministre des affaires étrangères, dont les appartements sont situés près de ceux du grand vizir, qu'il ne voulait avoir rien à démêler avec un homme sans foi comme l'était Fuad-Effendi; que c'était à ce dernier que l'on devait la prolongation des débats que lui, prince, avait mission de terminer, et qu'il était résolu à ne pas traiter avec lui.

L'insulte était d'autant plus grave, que ces paroles méprisantes et dédaigneuses furent prononcées à haute voix devant plusieurs grands fonctionnaires et au milieu des soldats qui faisaient la haie sur le passage de l'ambassadeur.

Fuad-Effendi ne pouvait rester sous le coup d'un pareil outrage; ne voulant pas augmenter les embarras de la situation, il donna aussitôt sa démission, et les instances les plus pressantes ne purent le déterminer à accepter un autre portefeuille. Menschikoff, malgré ses airs de matamore, fut quelque peu effrayé de ce premier triomphe; il sentit qu'il avait trop osé, et dès le lendemain il s'empressa de faire dire par son premier drogman au grand vizir qu'en agissant comme il l'avait fait, son intention n'était pas de manquer de respect au sultan, et qu'il ne fallait voir là qu'une question de personnes qui ne pouvait se représenter. Mais le coup était porté! le sultan indigné avait senti que son indépendance était menacée, et le grand vizir pria les chargés d'affaires français et anglais de demander au plus vite à leurs gouvernements l'envoi de leurs escadres dans le Bosphore, ajoutant qu'à la tournure que prenaient les choses, on pouvait craindre que la Turquie fût perdue avant l'arrivée des secours qu'elle réclamait.

La conduite du prince Menschikoff ne tarda pas à justifier les craintes du ministère ottoman. Ce fut le 17 mars que le prince fit sa visite officielle à Rifaat-Pacha, successeur de Fuad-Effendi. Tous les ministres étant présents, l'ambassadeur se montra disposé à leur faire de premières ouvertures. Il dit que le but le plus important de sa mission était de conclure avec la Turquie un traité secret qui assurât complétement l'indépendance de cette puissance et la mît à l'abri des influences malfaisantes des puissances occidentales; mais qu'il ne pouvait s'expliquer plus catégoriquement qu'autant qu'on prendrait envers lui l'engagement de garder là-dessus le secret le plus absolu, particulièrement envers la France et l'Angleterre, qui étaient, disait-il, les plus malintentionnées des puissances occidentales. Quelques jours après, dans une nouvelle conférence, le prince ambassadeur, toujours en demandant le secret, abordait plus positivement la question.

Le czar, disait-il, offrait de contracter avec la Turquie une alliance offensive et défensive, dans laquelle il s'engagerait à mettre, en cas de besoin, à la disposition du sultan, une armée de quatre cent mille hommes et la flotte la plus formidable qui eût jamais existé, à la condition que la Porte reconnaîtrait la protection du czar sur l'église grecque, et le droit d'investiture du patriarche grec de Constantinople. Le prince ajoutait que, s'il arrivait que le ministère turc donnât la moindre connaissance de cette proposition à à la France ou à l'Angleterre, tout serait rompu, et que lui, ambassadeur extraordinaire, retournerait immédiatement à Saint-Pétersbourg.

Pour se faire maintenant une idée de la duplicité, de la mauvaise foi du cabinet russe, il suffit de retourner quelque peu en arrière. Ainsi, le 8 février 1853, M. de Nesselrode écrivait à l'ambassadeur russe à Paris, M. de Kisseleff, ces phrases destinées à être mises sous les yeux du ministère français :

« Le cabinet impérial ne négligera aucun moyen pour hâter une conclusion si désirable sous tant de rapports, et à laquelle la Russie entière prend le plus sérieux et le plus légitime intérêt. *Il se plaît à compter sur les dispositions et le concours de la France.* Il ne doute pas de la coopération efficace que la cour impériale d'Autriche, appelée par les traités avec la Turquie à intervenir dans la question, y apportera de son côté.

« *C'est dans ce sens que nous allons faire à Constantinople de nouvelles et énergiques démarches*, qui, tout en rappelant à la Porte ses engagements vis-à-vis de nous, la convaincront, il faut l'espérer, qu'il n'y a en réalité ni conflit, ni antagonisme entre nous et la France aujourd'hui, pas plus qu'à d'autres époques, pour ce qui concerne l'ordre de choses établi depuis des siècles dans les lieux révérés de la Palestine; que toutes les grandes puissances de l'Europe désirent également la conservation de l'empire ottoman, sa tranquillité intérieure et l'indépendance de son gouvernement dans ses actes, lorsque la justice et ses propres intérêts les lui commandent.

« Nous sommes convaincus, d'après les termes de la nouvelle communication dont le général Castelbajac [1] a été chargé, que les instructions dont l'ambassade de France à Constantinople est déjà munie à cette heure *s'accordent avec les vues que nous venons de développer avec autant de franchise que de confiance.* Dans ce cas, l'entente qui n'a pu jusqu'ici s'établir entre nos représentants à Constantinople, autant que nous l'avions désiré, pourra avoir incessamment les

---

1. Ambassadeur de France à Saint-Pétersbourg.

plus heureux résultats dans la question qui nous préoccupe. »

Les mêmes assurances de bon vouloir pour le maintien de la paix étaient données dans le même temps, et presque jour pour jour (9 février 1853), par M. de Nesselrode à sir Hamilton-Seymour, ambassadeur d'Angleterre à Saint-Pétersbourg. Le ministre russe, interrogé sur les instructions données au prince Menschikoff, répondait qu'elles étaient un peu vagues, mais qu'elles n'avaient absolument rien d'hostile, et qu'il ne s'agissait que des affaires qui existent ordinairement entre deux gouvernements amis. Enfin le même M. de Nesselrode, auquel son grand âge aurait dû faire craindre le jugement prochain de Dieu, écrivait, dans les premiers jours d'avril, au baron de Brunow, ambassadeur du czar à Londres :

« ..... Veuillez assurer les ministres de la reine, dans les termes les plus positifs, que les intentions de l'empereur sont toujours les mêmes, et que toutes les vaines rumeurs auxquelles a donné lieu, dans la capitale ottomane, l'arrivée du prince Menschikoff : occupation des principautés, agrandissement de nos frontières asiatiques, prétention de nous assurer la nomination du patriarche grec de Constantinople, langage hostile et comminatoire tenu à la Porte par notre ambassadeur, *sont non-seulement exagérés, mais dénués de toute espèce de fondement;* qu'en un mot, la mission du prince Menschikoff n'a jamais eu et n'a encore d'autre but que celui dont Votre Excellence a été chargée de faire part au gouvernement britannique. »

Et en même temps qu'il donnait ces assurances mensongères, le vieux ministre mettait tout en œuvre pour briser l'entente cordiale qui existait entre la France et l'Angleterre, comme on va le voir par la suite de cette dépêche :

« Quant à la recommandation qui vous est faite de ménager autant que possible l'amour-propre de la France dans la question délicate des lieux saints, et, tout en revendiquant les droits de l'Église grecque, de ne chercher à rien imposer aux latins qui pût blesser trop directement l'honneur et les intérêts de cette puissance, vous pouvez assurer également les ministres anglais que, dans l'arrangement à négocier, il n'est point question de faire révoquer ou ôter aux latins les dernières concessions qu'ils ont obtenues par la note ottomane du 9 février de l'an passé, mais simplement de faire concorder ces concessions avec les dispositions du hatti-chérif, en les dépouillant de ce qu'elles peuvent avoir d'exclusif ; d'obtenir aux grecs quelques compensations pour le tort qui leur a été fait,

et surtout de les mettre à l'abri contre le retour de nouveaux préjudices.

« En général, nous ne demandons pas mieux que de nous entendre à l'amiable avec le gouvernement français, en ayant égard à la position où il s'est lui-même placé, *quoique toutes les concessions qu'on peut faire à sa susceptibilité n'aient presque toujours pour effet que de le rendre plus exigeant*, en ce qu'il en prend acte comme d'un succès qui l'autorise à en chercher d'autres ; mais il faut qu'il se prête lui-même à nous en faciliter les moyens, au lieu d'agir en sens contraire, comme il vient de le faire si précipitamment par une démonstration dont les conséquences peuvent mettre en opposition nos désirs de conciliation et le soin de notre dignité.

« Le gouvernement anglais doit voir lui-même que la France n'est pas toujours accessible aux conseils de la modération, puisque les sages représentations qu'il lui a fait faire par lord Cowley [1] n'ont pu empêcher le départ de l'escadre française.

« L'empereur vous charge, monsieur le baron, de remercier très-particulièrement, en son nom, lord Aberdeen et lord Clarendon, de la salutaire impulsion qu'ils viennent de donner aux résolutions du cabinet britannique. Le premier nous a offert, en cette occasion, un nouveau témoignage de confiance, auquel notre auguste maître est infiniment sensible ; le second, avec lequel nos relations viennent à peine de se nouer [2], les ouvre aussi sous des auspices qui nous autorisent à espérer qu'elles seront des plus satisfaisantes. En se fiant à nos assurances, en refusant de suivre la France dans une mesure sinon hostile, au moins empreinte de défiance envers nous, l'Angleterre, dans les circonstances actuelles, a fait œuvre de bonne politique.

« Rien n'eût été plus à regretter que de voir les deux puissances maritimes s'associer, ne fût-ce qu'un moment et d'apparence plutôt que de fait, sur la question d'Orient, telle qu'elle est posée à cette heure. Quoique leurs vues à cet égard diffèrent totalement au fond, cependant, comme le public européen n'est guère capable d'en faire la distinction, leur identité ostensible n'aurait pu manquer de les représenter sous l'aspect d'une alliance intime. L'ardeur française se fût hâtée d'exagérer, en les exploitant dans son intérêt, ces nouveaux semblants d'entente cordiale, et toutes les situations en Europe en auraient été à l'instant faussées. L'apparition simultanée des deux flottes rendait la question insoluble à Constantinople ; elle nous

---

1. Ambassadeur anglais à Paris.
2. Lord Clarendon venait de succéder à lord Aberdeen au Foreign-Office (ministère des affaires étrangères, à Londres).

plaçait dans une position que nous n'aurions pu accepter, et qui n'eût plus permis à l'empereur, se trouvant sous le coup d'une démonstration comminatoire, de suivre librement ses inspirations conservatrices et pacifiques.

« De la part de la France isolée, la mesure perd beaucoup de ses inconvénients, quoiqu'elle soit encore loin d'en être exempte. Aussi l'empereur ne s'en préoccupe-t-il que peu, et Sa Majesté n'y voit point de raison pour rien changer pour le moment à ses dispositions et vues antérieures. L'attitude de l'Angleterre suffira pour neutraliser celles qui, de la part des Français ou des Turcs, si ceux-ci se trouvaient encouragés par la présence de la flotte française, pourraient entraver ou reculer trop longtemps la solution favorable du litige. Sous ce rapport, lord Aberdeen nous semble avoir parfaitement compris le beau rôle qu'avait à y jouer l'Angleterre, et nous aimons à l'en féliciter, persuadés d'avance de l'impartialité qu'il mettra à le remplir. »

L'Angleterre fut d'abord dupe de ces cajoleries. Le ministère britannique décida que son escadre resterait à Malte, au lieu de se rendre à Vourla, ainsi que l'avait demandé le colonel Rose, et aux représentations que le comte Walewski, ambassadeur français à Londres, lui faisait à ce sujet, lord Clarendon répondait qu'il n'y avait pas lieu de suspecter les intentions de l'empereur Nicolas, qui ne cessait de protester de son désir de maintenir la puissance du sultan. En vain le ministre des affaires étrangères français, M. Drouin de Lhuys, insista-t-il sur ce point que les premiers actes du prince Menschikoff à Constantinople devaient donner la mesure des prétendus sentiments généreux de la Russie envers la Porte, lord Clarendon persista à temporiser, comme s'il eût perdu le souvenir de l'offre faite à l'Angleterre, par le czar, de l'Égypte et de Candie pour le cas où lui, Nicolas, se trouverait *dans la nécessité* de s'emparer de Constantinople. Il est vrai de dire toutefois que cet aveuglement fut de courte durée, et que lord Clarendon ne tarda pas à reconnaître toute la fourberie de la diplomatie moscovite.

Quant au cabinet français, il ne s'était pas fait illusion un seul instant : sur la demande du chargé d'affaires M. Benedetti, agissant en l'absence de notre ambassadeur, l'escadre d'évolutions de Toulon fut envoyée dans les eaux de Salamine, et M. de Lacour, nommé ambassadeur en Turquie en remplacement de M. de Lavalette, recevait des instructions pour toutes les éventualités prévues. Ce diplomate arriva à Constantinople presque en même temps que lord Stratford Redcliffe, ambassadeur anglais, et tous deux eurent bientôt avec le prince Menschikoff une conférence à l'issue de laquelle toutes les difficultés semblèrent aplanies. Le prince avait montré dans cette circonstance beaucoup de modération, ce qui était fort extraordinaire, après les ouvertures qu'il avait faites précédemment au ministère ottoman, et le projet de traité par lui proposé et dans lequel le protectorat de l'Église grecque était stipulé en ces termes :

« Dans le but désiré de faire cesser à jamais toutes les causes de dissension, tous les doutes et tous les différends relativement aux immunités, aux droits et aux priviléges qui ont été accordés et assurés par les anciens empereurs ottomans aux habitants de la Moldavie, de la Valachie et de la Servie, qui, de même que différentes autres nations chrétiennes dans l'empire ottoman, professent la religion gréco-russe, on est convenu, par la présente convention, des conditions suivantes, savoir : La religion grecque sera toujours protégée dans toutes les églises; les représentants de la cour impériale auront le droit, *comme par le passé*, de donner des ordres aux églises, tant à Constantinople que dans d'autres endroits et villes, ainsi qu'aux ecclésiastiques, et comme ces conseils viennent d'un gouvernement voisin et ami, ils seront bien accueillis. »

Cela était positif, et ces mots : *comme par le passé*, n'étaient qu'un palliatif mensonger destiné à déguiser l'usurpation nouvelle qu'on se proposait. Qu'était-il donc arrivé? la Russie avait-elle tout à coup renoncé à ses exorbitantes prétentions? On devait voir bientôt qu'il n'en était rien, et que le prince ne s'était montré si conciliant envers l'Angleterre et la France sur la question des lieux saints, que pour n'être pas entravé par elles dans l'exécution de ses projets qu'il croyait complétement ignorés de ces deux puissances, conformément à l'intimation qu'il avait faite au ministère turc de tenir secrètes ses premières ouvertures.

L'heure était venue pour le prince Menschikoff de marcher résolûment vers le véritable but de sa mission; il n'hésita plus, et dédaignant les sinuosités diplomatiques dans lesquelles il s'était d'abord engagé, il adressa à Rifaat-Pacha la note suivante :

« Son Excellence le ministre des relations extérieures, en prenant connaissance, à son entrée aux affaires, des négociations qui ont eu lieu, a vu la duplicité de ses prédécesseurs; il doit s'être persuadé combien on a manqué aux égards dus à l'empereur de Russie, et combien est grande sa magnanimité, en offrant à la Porte les moyens de sortir des embarras que lui a créés la mauvaise foi de ses ministres. Ils ont abusé de la religion de leur souverain en le mettant en opposition avec ses propres paroles, et le plaçant envers son allié et son ami dans une position que ne peuvent admettre ni de hautes convenances ni la dignité souveraine.

« Tout en voulant être oublieux du passé, et n'exigeant pour réparation que le renvoi d'un ministre fallacieux et l'exécution de promesses solennelles, l'empereur se trouvait obligé de demander des garanties solides pour l'avenir. Il les veut formelles, positives, et assurant l'inviolabilité du culte professé par la majorité des sujets chrétiens, tant de la Sublime Porte que de la Russie, et enfin par l'empereur lui-même.

« Il ne peut en vouloir d'autres que celles qu'il trouvera dans un traité ou dans un acte équivalant à un traité, et à l'abri des interprétations d'un mandataire malavisé et peu consciencieux.

« Les délais qu'on a apportés jusqu'ici à prendre une décision finale sur les propositions de l'empereur de Russie l'obligent à demander à la Porte une réponse catégorique et qu'il ne pourrait attendre plus longtemps. En conséquence, il demande :

« 1° Un firman explicatif, et dont la rédaction serait convenue, concernant la clef de l'église de Bethléem, l'étoile en argent placée sur l'autel de la Nativité, dans le souterrain de ce même sanctuaire ;

« La possession de la grotte de Gethsémani par les grecs, avec l'admission des latins à y exercer leur culte, mais tout en conservant la préséance des orthodoxes, et leur priorité pour le service divin dans ce sanctuaire ;

« Et enfin, concernant la possession commune des grecs avec les latins des jardins de Bethléem ;

« Le tout d'après les bases discutées entre Son Excellence Rifaat-Pacha et l'ambassadeur ;

« 2° Un ordre suprême pour la réparation immédiate, par le gouvernement ottoman, de la coupole du temple du saint sépulcre, avec la participation du patriarche grec, sans ingérance d'un délégué d'un autre culte ;

« Pour la clôture murée des lucarnes ayant vue dans ce sanctuaire, et pour la démolition des harems attenant à la coupole, si la possibilité de cette démolition était prouvée ;

« L'ambassadeur est chargé d'obtenir sur ces points une assurance et une notification formelles ;

« 3° Un *sened* ou convention pour la garantie du *statu quo* strict des priviléges du culte catholique grécorusse de l'Église d'Occident, et des sanctuaires qui se trouvent en possession de ce culte exclusivement ou en participation avec d'autres rits à Jérusalem.

« L'ambassadeur doit répéter ici à monsieur le ministre des relations extérieures ce qu'il a été déjà dans

le cas de lui exprimer plusieurs fois, que la Russie ne demande pas à la Porte des concessions politiques ; son désir est de calmer les consciences religieuses par la certitude du maintien de ce qui est et de ce qui a toujours été pratiqué jusqu'à nos temps.

« C'est donc à la suite des tendances hostiles qui se sont manifestées depuis quelques années, envers tout ce qui touche à la Russie, qu'elle requiert, dans l'intérêt des communautés religieuses du culte orthodoxe, un acte explicatif et positif des garanties, acte qui n'affecterait en rien ni les autres cultes, ni les relations de la Porte avec d'autres puissances.

« Le cabinet ottoman voudra bien aussi peser dans sa sagesse la gravité de l'offense commise, en la comparant à la modération des demandes de réparation et de garantie que le sentiment de légitime défense aurait pu poser dans un sens plus étendu et plus péremptoire.

« La réponse de monsieur le ministre des relations extérieures indiquera à l'ambassadeur les devoirs ultérieurs qu'il aura à remplir, et qui ne pourront être que conformes au maintien de la dignité du gouvernement qu'il représente et de la religion que professe son empereur. »

Ainsi, ce n'était plus un traité secret que demandait le prince Menschikoff, c'était un *sened* ou convention ; mais au fond il n'y avait rien de changé, et il s'agissait toujours d'un acte, — *sened* ou traité, — qui garantit au czar les priviléges qu'il réclamait en faveur du culte catholique gréco-russe, et le maintien de ce qu'il prétendait *avoir toujours été pratiqué jusqu'alors,* phrase pouvant donner lieu aux interprétations les plus élastiques, et qui n'énonçait autre chose, en réalité, que la prétention de l'empereur Nicolas au protectorat des Grecs sujets du sultan, protectorat qui eût enlevé au sultan son autorité sur plus de treize millions de ses sujets.

En communiquant cette note aux ambassadeurs de France et d'Angleterre, Rifaat-Pacha leur dit qu'il ne se faisait aucune illusion sur les sentiments qui l'avaient dictée ; qu'il était bien résolu à ne faire à la Russie aucune concession de nature à porter atteinte à l'indépendance de l'empire ottoman, et ce fut dans ce sens qu'il répondit au prince Menschikoff.

« Les priviléges religieux accordés par les sultans à toutes les communautés chrétiennes, disait-il dans cette réponse, sont et demeurent en pleine vigueur, et il n'est jamais entré dans l'esprit du sultan d'y apporter le moindre changement... La Porte déclare solennellement, en face du monde entier, que les priviléges des sujets ottomans chrétiens, et particulièrement de ceux appartenant à l'Église grecque, seront à jamais scrupuleusement observés et garantis de toute injure. Quant à conclure avec la Russie un traité à ce sujet, la Porte n'y pourrait jamais consentir sans compromettre les principes fondamentaux de son indépendance et de sa souveraineté... La Porte s'en remet à l'opinion publique du monde entier, qui ne pourrait jamais permettre une telle violation de son indépendance et de ses droits nationaux, et elle en appelle à la justice et à la loyauté de l'empereur lui-même. »

Cette réponse si digne, si pleine de vérité et de raison, fut promptement suivie de firmans qui confirmaient tous les priviléges accordés aux chrétiens de toutes les communions. Les puissances occidentales se montrèrent satisfaites de cet acte spontané qui était, de la part du sultan, un gage de son amour de la paix et de sa bienveillance pour ceux-là même qui lui avaient volontairement ou involontairement suscité de si graves embarras; mais il n'en fut pas de même de la Russie qui voulait l'avilissement du pouvoir du sultan, et avait résolu de ne laisser à ce dernier d'autre alternative que le protectorat du czar ou la guerre. Le jour même (5 mai) où les firmans donnant entière satisfaction aux diverses communions chrétiennes étaient envoyés aux ambassadeurs, le prince Menschikoff y répondait par une nouvelle note plus hautaine que les précédentes, et qu'il est nécessaire, pour l'intelligence des faits, de rapporter entièrement; elle est ainsi conçue :

« Le soussigné, ambassadeur de Russie, a eu l'honneur de remettre à S. E. le ministre des affaires étrangères de la Sublime Porte une note confidentielle sur un nouveau projet d'acte devant offrir au gouvernement de S. M. l'empereur des garanties solides et inviolables pour l'avenir, dans l'intérêt de l'Église orthodoxe d'Orient.

« L'ambassadeur croyait pouvoir s'attendre à rencontrer de la part du gouvernement de la Sublime Porte un désir empressé de renouer sur cette base des relations de bonne et franche amitié avec la Russie. Il doit l'avouer avec un profond regret, il a été ébranlé dans cette conviction, qui, dès son début, lui avait été inspirée par l'accueil gracieux de S. M. le sultan.

« Animé, néanmoins, de cet esprit de conciliation et de bienveillance qui forme le fond de la politique de son auguste maître, l'ambassadeur ne rejeta point les observations préalables qui lui furent faites par Rifaat-Pacha, tant sur la forme de l'acte précité que sur la teneur de quelques articles qui devaient en faire partie.

« Quant à la forme, l'ambassadeur maintient la déclaration, qu'une longue et pénible expérience du passé exige, pour prévenir toute froideur et méfiance entre les deux gouvernements dans l'avenir, un engagement solennel ayant force de traité.

« Pour le contenu et la rédaction des articles de cet acte, il demandait une entente préalable; et, voyant avec une peine profonde les retards qu'y apportait le cabinet ottoman, et son désir évident d'éluder la discussion, il se crut obligé, par sa note du 19 avril, de récapituler ses demandes, et de les formuler de la manière la plus pressante.

« Ce n'est qu'aujourd'hui que la note de S. E. le ministre des affaires étrangères, accompagnant les copies des deux ordres souverains sur les sanctuaires de Jérusalem et la coupole du saint sépulcre, est parvenue à l'ambassadeur. Il considère cette communication comme une suite donnée aux deux premières demandes contenues dans sa note du 19 avril, et se fera un devoir de placer ces documents sous les yeux de son gouvernement.

« Mais n'ayant jusqu'ici obtenu aucune réponse au troisième et plus important point, qui réclame des garanties pour l'avenir, et ayant tout récemment reçu l'ordre de redoubler d'insistance pour arriver à la solution immédiate de la question qui forme le principal objet de la sollicitude de S. M. l'empereur, l'ambassadeur se voit dans l'obligation de s'adresser aujourd'hui à S. E. le ministre des affaires étrangères, en renfermant cette fois-ci ses réclamations dans les dernières limites des directions supérieures.

« Les bases de l'arrangement qu'il est chargé d'obtenir restent dans le fond les mêmes.

« Le culte orthodoxe d'Orient, son clergé et ses possessions jouiront dans l'avenir, sans aucune atteinte, sous l'égide de S. M. le sultan, des priviléges et immunités qui leur sont assurés *ab antiquo*, et, dans un principe de haute équité, participeront aux avantages accordés aux rites chrétiens.

« Le nouveau firman explicatif sur les lieux saints de Jérusalem aura la valeur d'un engagement formel envers le gouvernement impérial.

« A Jérusalem, les religieux et les pèlerins russes seront assimilés, quant aux prérogatives, aux autres nations étrangères.

« Ces points indiqués ici sommairement formeront l'objet d'un *sened* qui attestera de la confiance réciproque des deux gouvernements.

« Dans cet acte, les objections et difficultés exprimées à plusieurs reprises par S. E. Rifaat-Pacha et quelques-uns de ses collègues, ont été prises en considération, comme Son Excellence le verra par la minute d'un *sened* que l'ambassadeur a l'honneur de joindre à la présente note.

Reschid-Pacha.

« L'ambassadeur se flatte de l'espoir que désormais la juste attente de son auguste maître ne sera pas trompée, et que, mettant de côté toute hésitation et toute défiance dont sa dignité et ses sentiments généreux auraient à souffrir, la Sublime Porte ne tardera pas à transmettre à l'ambassadeur impérial les décisions souveraines de S. M. le sultan en réponse à la présente notification.

« C'est dans cette espérance que l'ambassadeur prie S. E. Rifaat-Pacha de vouloir bien lui faire parvenir cette réponse jusqu'à mardi prochain (10 mai). Il ne pourrait considérer un plus long retard que comme un manque de procédés envers son gouvernement, ce qui lui imposerait les plus pénibles obligations. »

A cette note était joint, en effet, un projet de *sened* ou convention, où se trouvaient reproduites toutes les prétentions émises précédemment par l'ambassadeur russe; c'était toujours le protectorat du czar sur les sujets du sultan appartenant à l'Église grecque, que l'on voulait obtenir au moyen d'un traité qui eût été pour le souverain turc une véritable abdication. Rifaat-Pacha continua de résister à ces prétentions, comme c'était son devoir, et le délai de rigueur *accordé* par le prince ambassadeur s'écoula sans qu'il y eût rien de conclu.

Une rupture était imminente; cependant le prince

consentit à avoir une entrevue avec le grand vizir, Méhémet-Ali-Pacha ; mais le jour même où cette entrevue devait avoir lieu (13 mai), il changea d'avis et se rendit au palais impérial, où il demanda impérieusement que le sultan lui donnât audience sur-le-champ, ne respectant pas même la douleur de ce souverain, qui venait de perdre sa mère. Ce dernier, s'efforçant de faire taire son indignation, renvoya l'ambassadeur à ses ministres ; mais le grand vizir et le ministre des affaires étrangères, se trouvant à juste titre offensés de la conduite du prince russe, refusèrent également de le recevoir, et donnèrent aussitôt leur démission, qui fut acceptée. Le même jour, Mustapha-Pacha fut appelé au poste éminent de grand vizir, comme successeur de Méhémet-Ali-Pacha, et le portefeuille des affaires étrangères fut confié à Reschid-Pacha.

Ces deux hommes, appelés à jouer un rôle si important dans les affaires publiques de notre temps, s'étaient montrés, par leurs services antérieurs, dignes d'une telle mission. Ami intime de Méhémet-Ali, vice-roi d'Égypte, Mustapha avait été nommé par ce prince gouverneur de Candie, et son administration habile et paternelle lui avait si bien acquis l'affection des Candiotes, que, lorsque cette île fut replacée sous la domination du sultan, ce dernier, cédant au vœu populaire, avait confirmé le sage gouverneur dans son poste. Plus tard, en 1847, rappelé à Constantinople, Mustapha fut nommé président du conseil, poste qu'il occupa jusqu'à son élévation au vizirat, qui, comme nous venons de le dire, eut lieu le 13 mai 1853, alors que, depuis plusieurs mois déjà, son fils, Vély-Pacha, était ambassadeur à Paris, où ses hautes qualités sont justement appréciées.

Quant à Reschid-Pacha, né à Constantinople en 1802, il fut de bonne heure initié à l'administration des affaires publiques par son père, qui était administrateur des biens de la mosquée du sultan Bajazet. Bien jeune encore, il devint secrétaire particulier d'Ali-Pacha, gouverneur de Morée. Attaché ensuite au ministère des affaires étrangères, il montra une capacité telle, que le sultan ayant résolu, en 1834, d'établir à poste fixe des ambassadeurs près des diverses cours de l'Europe, choisit Reschid-Pacha pour remplir ces importantes fonctions successivement à Paris et à Londres.

Nommé par le roi Louis-Philippe grand-croix de la Légion d'honneur, Reschid fut peu après rappelé à Constantinople (1837) pour y prendre le portefeuille du ministère des affaires étrangères. Son administration fut marquée par des tentatives soutenues d'amélioration. C'est à lui que fut due la création des deux conseils de l'empire qui régularisent l'action du gouvernement, et du conseil d'utilité publique destiné à élaborer les projets administratifs. Mais ces honorables efforts faillirent le renverser, et ne lui laissèrent d'appui que parmi les légations européennes contre les ombrages de la Russie et la jalousie des Turcs. Déjà se prononçait la lutte entre la première et la seconde génération de la réforme ; Reschid, qui avait remonté par ses voyages jusqu'à la source de l'initiation, était à la tête de cette génération nouvelle ; pour ennemis il avait Khosrew, Halil et Achmet, favoris du sultan Mahmond, premiers nés de ce réformateur, envieux de tout concurrent au crédit dont ils s'entre-disputaient le monopole ; jaloux d'un mérite particulier qui n'était pas né comme le leur dans le sang et le scandale, mais qui, plus pur, s'était perfectionné en s'abreuvant à la mamelle même de la civilisation. Leurs sourdes et perfides attaques allaient l'emporter ; force fut à Reschid d'abandonner le terrain qui manquait sous ses pieds, et de prévenir sa chute en s'exilant dans l'ambassade extraordinaire d'Angleterre. Après avoir concouru au traité de commerce de 1838, il repartit pour Londres avec l'espoir de ménager entre Londres et Stamboul une alliance offensive et défensive contre la Russie [1].

Reschid-Pacha se trouvait à Paris lorsqu'il apprit la mort du sultan Mahmoud ; il part aussitôt pour Constantinople, reprend le portefeuille de ministre des affaires étrangères, et, se mettant résolûment à la tête du mouvement de réforme qu'il est plus qu'aucun autre capable de diriger, il rédige et fait sanctionner par ses collègues, par le jeune sultan Abd-ul-Medjid, par le chef de la religion musulmane, un acte appelé depuis *hatti-chérif de Gulhané*, véritable constitution octroyée, destinée à faire arriver graduellement la Turquie à la hauteur des gouvernements de l'Europe occidentale.

En 1846, Reschid-Pacha fut nommé grand vizir ; en 1850, il résista honorablement aux prétentions de la Russie et de l'Autriche, qui demandaient l'extradition des insurgés hongrois réfugiés en Turquie. Deux ans plus tard, les difficultés que présentait la question des lieux saints l'obligèrent à se retirer ; mais un homme de cette capacité ne pouvait demeurer éloigné des affaires, et, au 13 mai 1853, Abd-ul-Medjid se trouva heureux qu'il voulût bien accepter de nouveau le portefeuille du ministère des affaires étrangères.

On comprend aisément, d'après ce qui précède, que ces nouveaux ministres ne pouvaient se montrer favorables aux absorbantes prétentions de la Russie ;

____

1. Deux années de l'Histoire d'Orient.

toutefois le prince Menschikoff ne crut pas impossible d'amener ce cabinet à faire les concessions les plus importantes, et, en vue de ce résultat, il insinua qu'à défaut d'un traité ou d'une convention positive, la Russie pourrait se contenter d'une simple note, dans laquelle la Sublime Porte, agissant spontanément, prendrait envers le czar des engagements formels. Ni Mustapha ni Reschid ne furent dupes de cette nouvelle manœuvre, et la lettre suivante, écrite le 15 mai par Reschid-Pacha au prince Menschikoff dut faire comprendre à ce dernier que le ministère nouveau était, autant que l'ancien, résolu à maintenir dans toute leur intégrité l'honneur du sultan et l'indépendance de l'empire ottoman.

« La Sublime Porte, disait Reschid, a pris connaissance de la dernière note de S. A. le prince Menschikoff. Ainsi que S. A. le prince Menschikoff en a été déjà informé, tant en personne que par intermédiaire, il est impossible, par suite de changements dans le ministère, de donner une réponse explicite sur une question aussi délicate que celle des privilèges religieux, avant de les examiner avec soin.

« Mais, comme le maintien des relations amicales avec l'auguste cour de Russie est l'objet de la plus vive sollicitude de S. M. le sultan, il s'ensuit que la Sublime Porte désire sincèrement trouver un moyen de garantie de nature à satisfaire les deux parties.

« En informant S. A. le prince Menschikoff qu'un délai de cinq jours suffira, et qu'on s'efforcera d'arriver, s'il est possible, à une prompte solution de la question, j'ai l'honneur, etc. »

C'était là une véritable fin de non-recevoir, le prince ne s'y trompa point; mais, ne désespérant pas du succès de son système d'intimidation, il répondit en ces termes, le 18 mai, sans tenir compte du délai demandé :

« Le soussigné, ambassadeur extraordinaire de S. M. l'empereur de toutes les Russies, a eu l'honneur de recevoir la notification de la Sublime Porte en date du 15 mai : elle est loin de répondre aux espérances que lui avaient fait concevoir la gracieuse réception et le langage de S. M. le sultan.

« En réponse aux notes consécutives que le soussigné a eu l'honneur d'adresser au cabinet ottoman, et qui, appuyées par ses explications verbales données aux ministres de la Sublime Porte, n'ont pas dû laisser de doute sur les vues désintéressées de son auguste maître, il n'a reçu que des assurances évasives et illusoires.

« Les deux firmans destinés à clore la discussion sur les lieux saints de Jérusalem ne pouvaient pas, en présence des anciens, offrir les garanties désirées par l'empereur.

« La promesse isolée d'étendre à nos sujets les privilèges dont jouissent à Jérusalem les pèlerins et établissements d'autres nations ne fait que confirmer un droit incontestable, qui, pour être exercé, n'avait pas besoin de la sanction souveraine.

« La Sublime Porte, en rejetant avec suspicion les vœux de l'Empereur en faveur de la foi gréco-russe orthodoxe, a manqué de considération vis-à-vis d'un auguste et ancien allié.

« Elle n'a fait qu'ajouter un nouveau grief à ceux dont le soussigné a l'ordre de demander la réparation, et elle justifie les sérieuses appréhensions du gouvernement russe pour la sûreté et le maintien des anciens droits de l'Église d'Orient. L'identité du culte, le lien séculier cimenté par les besoins et les intérêts réciproques des deux pays et par leur position géographique, au lieu d'être des gages de solide amitié, deviennent ainsi, par un déplorable égarement des pensées du gouvernement ottoman, la cause permanente d'une attitude insultante pour la Russie.

« S. E. le ministre des affaires étrangères s'est encore fait l'organe, vis-à-vis le soussigné, de propositions que celui-ci peut d'autant moins accepter, avec les réserves y annexées, qu'elles sont simplement la reproduction de celles précédemment rejetées, et que le projet de séparer et de classer, dans leur forme, les actes qui les contiendront impliquerait évidemment l'idée de ne rendre obligatoire que celle concernant l'établissement d'un hôpital russe à Jérusalem.

« S. E. Reschid-Pacha donnant à entendre qu'une note en réponse devra être discutée en conseil sur la base des mêmes propositions, et déclinant en même temps de préciser les termes, le soussigné ne voit là qu'un nouveau moyen dilatoire qui ne peut en aucune manière modifier sa détermination. L'ensemble des communications de la Sublime Porte ayant aussi convaincu le soussigné de l'inutilité de ses efforts pour atteindre une solution satisfaisante de ses réclamations conforme à la dignité de son auguste maître, il se trouve appelé à déclarer qu'il considère sa mission comme terminée;

« Que la cour impériale de Russie ne pourrait pas, sans déroger à sa dignité et sans s'exposer à de nouvelles insultes, continuer à conserver une légation à Constantinople, et maintenir sur l'ancien pied des relations politiques avec le gouvernement turc;

« Qu'en conséquence, et en vertu des pleins pouvoirs dont le soussigné est porteur, il quittera Constantinople, emmenant avec lui tout le personnel de la légation impériale, à l'exception du directeur de la chancellerie commerciale, qui, avec ses employés, continuera d'administrer les affaires de commerce et de navigation, et de protéger les intérêts des sujets russes et leur marine marchande;

« Qu'il regrette profondément d'être contraint à prendre cette détermination; mais qu'après avoir fidèlement exécuté les ordres de l'empereur, en soumettant à la délibération de la Sublime Porte les propositions les plus conciliantes, les plus équitables et les plus conformes aux vrais intérêts de l'empire ottoman, et ayant acquis la pénible conviction que le cabinet de S. M. le sultan n'est pas disposé à le reconnaître et à y répondre, il s'acquitte d'un devoir en repoussant toute la responsabilité des conséquences qui pourraient résulter pour le cabinet ottoman, qui paraît avoir pour objet de créer une sérieuse mésintelligence entre les deux empires;

« Que le refus de garantie pour le culte gréco-russe orthodoxe doit à l'avenir imposer au gouvernement impérial la nécessité de chercher sa garantie dans son propre pouvoir;

« Qu'ainsi, toute tentative contre le *statu quo* de l'Église d'Orient et son intégrité sera regardée par l'empereur comme équivalant à une infraction à l'esprit et à la lettre des stipulations existantes, et comme un acte d'hostilité vis-à-vis de la Russie, imposant à Sa Majesté impériale l'obligation d'avoir recours à des moyens que, dans sa constante sollicitude pour la stabilité de l'empire ottoman, et par suite de sa sincère amitié pour S. M. le sultan et de celle qu'elle portait à son auguste père, l'empereur a toujours eu à cœur d'éviter. »

Contrairement à l'espoir du prince Menschikoff, ces rodomontades, ces menaces de rupture, ces insinuations sur le peu de stabilité de l'empire ottoman, n'ébranlèrent pas la conviction des nouveaux ministres. Ils savaient désormais à quoi s'en tenir sur cette sollicitude de Nicolas, qui, peu de mois auparavant, offrait à l'Angleterre l'Égypte et Candie, à condition qu'on lui laisserait prendre Constantinople et le reste. Il ne restait plus à l'ambassadeur du czar qu'à se rattacher à ce projet de simple note qu'il s'était montré disposé à substituer au projet de *sened,* comme le projet de *sened* lui-même avait été substitué à celui d'un traité synallagmatique. Ce fut de toutes ses forces qu'il se cramponna à cette planche de salut, et l'on peut dire que le projet de note qu'il envoya alors à Reschid-Pacha, et dont la rédaction lui appartient tout entière, est un véritable chef-d'œuvre de ruse et d'artifices de langage. Il n'y est question que de l'amitié sincère du czar pour le sultan, de l'amour de la paix dont Nicolas est plus que jamais animé; de son désir sincère de prévenir désormais tout désaccord et malentendu, etc. Mais, au fond, ce sont toujours les mêmes exigences; c'est toujours le protectorat de l'empereur de Russie sur les sujets du sultan professant la religion grecque, que l'autocrate exige; ce qu'il veut, c'est que le sultan abdique en sa faveur la moitié de sa puissance, que ce soit par traité, *sened* ou simple note, peu importe, pourvu que cela soit écrit; car avec l'écrit on pourra, le cas échéant, tenter de se disculper devant les grandes puissances occidentales; on pourra invoquer la foi des traités, et au besoin le canon fera le reste.

Le cabinet ottoman comprit qu'il était temps d'en finir, et de faire comprendre une fois pour toutes à l'ambassadeur extraordinaire que ses efforts tendant à compromettre l'indépendance de l'empire turc ne pouvaient avoir aucun succès. On convoqua donc un conseil dans lequel, indépendamment des ministres, tous les hauts fonctionnaires de l'État furent admis, et ce conseil, à la majorité de quarante-deux voix contre trois, rejeta les dernières propositions de la Russie, dont les tendances étaient trop évidentes pour qu'on pût s'y tromper.

Avis de cette décision ayant été donné à l'ambassadeur extraordinaire, il dut se reconnaître vaincu; la retraite était désormais le seul parti qu'il eût à prendre, et il s'y résigna d'autant plus facilement que c'était, de la part de la Russie, chose prévue, et peut-être même désirée; car pendant que toutes ces jongleries s'accomplissaient, le czar n'avait pas cessé de caresser la France et l'Angleterre, et de leur prodiguer les assurances de modération et les promesses de toute nature, tout en cherchant à les désunir. Le refus du ministère anglais d'envoyer sa flotte dans les Dardanelles lors des premières incartades de Menschikoff n'avait pas peu contribué à augmenter la confiance du cabinet russe dans le succès de son audacieuse entreprise; il s'était dit que l'heure était enfin venue de mettre la dernière main à cette grande œuvre de spoliation conçue par Pierre Ier, et il avait prononcé contre l'empire ottoman une sentence de mort que le prince Menschikoff formula en ces termes dans une note par lui adressée au cabinet turc le 21 mai 1853, au moment même où l'ambassadeur extraordinaire quittait Constantinople.

« Au moment de quitter Constantinople, le soussigné, ambassadeur extraordinaire de S. M. l'empereur de toutes les Russies a appris que la Sublime-Porte manifestait l'intention de proclamer une garantie pour l'exercice des droits spirituels dont se trouve investi le clergé de l'Église d'Orient, ce qui de fait rendrait douteux le maintien des autres priviléges dont il jouit.

« Quel que puisse être le motif de cette détermination, le soussigné se trouve dans l'obligation de faire connaître à S. E. le ministre des affaires étrangères qu'une déclaration ou tel autre acte qui tendrait, tout en maintenant l'intégrité des droits purement spirituels de l'Église orthodoxe d'Orient, à invalider les autres droits, priviléges et immunités accordés au culte orthodoxe et à son clergé depuis les temps les plus anciens et dont ils jouissent encore actuellement, serait considéré par le cabinet impérial comme un acte hostile à la Russie et à sa religion. »

Il eût fallu pousser bien loin l'optimisme pour ne pas être convaincu dès lors des projets de conquête de la Russie ; cependant il n'était pas impossible que le prince Menschikoff, dont le caractère impérieux était connu, ne se fût pas scrupuleusement conformé aux instructions qu'il avait reçues de son gouvernement ; ses derniers actes surtout pouvaient être désavoués, sinon au fond, au moins dans la forme, et il n'en eût pas fallu davantage pour que de nouvelles voies fussent ouvertes aux négociations si brusquement interrompues. Malheureusement, il fut bientôt impossible de douter que toute cette trame avait été longuement ourdie à l'avance. Dix jours après le départ du prince, le ministre des affaires étrangères de Russie, M. de Nesselrode, adressait à Reschid-Pacha l'ultimatum suivant :

« Monsieur, l'empereur, mon auguste maître, vient d'être informé que son ambassadeur a dû quitter Constantinople à la suite du refus péremptoire de la Porte de prendre vis-à-vis de la cour impériale de Russie le moindre engagement propre à la rassurer sur les intentions protectrices du gouvernement ottoman à l'égard du culte des Églises orthodoxes en Turquie.

« C'est après un séjour infructueux de trois mois ; après avoir épuisé de vive voix et par écrit tout ce que la vérité, la bienveillance et l'esprit de conciliation pouvait lui dicter ; c'est enfin après avoir cherché à ménager tous les scrupules de la Porte par les modifications successives auxquelles il avait consenti, dans la forme et les termes des garanties qu'il était chargé de demander, que le prince Menschikoff a dû prendre la détermination que l'empereur apprend avec peine, mais que Sa Majesté n'a pu qu'approuver pleinement.

« Votre Excellence est trop éclairée pour ne pas prévoir les conséquences de l'interruption de nos relations avec le gouvernement de Sa Hautesse ; elle est trop dévouée aux intérêts véritables et permanents de son Empire, pour ne pas éprouver un profond regret en prévision des événements qui peuvent éclater, et dont la responsabilité pèsera tout entière sur ceux qui les provoquent.

« Aussi, en adressant aujourd'hui cette lettre à Votre Excellence, je n'ai d'autre but que de la mettre à même, tant qu'elle le peut encore, de rendre un très-important service à son souverain. Mettez encore une fois, Monsieur, sous les yeux de Sa Hautesse la situation réelle des choses ; la modération et la justice des demandes de la Russie, la très-grande offense que l'on fait à l'empereur en opposant à ses intentions si constamment amicales et généreuses une méfiance sans motifs et des refus sans excuse.

« La dignité de Sa Majesté, les intérêts de son Empire, la voix de sa conscience, ne lui permettent pas d'accepter des procédés pareils en retour de tous ceux qu'elle a eus et qu'elle désire encore avoir pour la Turquie. Elle doit chercher à en obtenir la réparation et à se prémunir contre leur renouvellement à l'avenir.

« Dans quelques semaines, les troupes recevront l'ordre de passer les frontières de l'Empire, non pas pour faire la guerre, qu'il répugne à Sa Majesté d'entreprendre contre un souverain qu'elle s'est toujours plu à considérer comme un allié sincère, mais pour avoir des garanties matérielles jusqu'au moment où, ramené à des sentiments plus équitables, le gouvernement ottoman donnera à la Russie les sûretés morales qu'elle a demandées en vain depuis deux ans par ses représentants à Constantinople, et en dernier lieu par son ambassadeur.

« Le projet de note que le prince Menschikoff vous a remis se trouve entre vos mains ; que Votre Excellence se hâte, après avoir obtenu l'assentiment de S. H. le sultan, de signer cette note sans variantes, et de la transmettre au plus tôt à notre ambassadeur à Odessa, où il doit se trouver encore.

« Je souhaite vivement que, dans ce moment décisif, le conseil que j'adresse à Votre Excellence avec la confiance que ses lumières et son patriotisme m'inspirent, soit apprécié par elle comme par ses collègues du divan, et que dans l'intérêt de la paix, que nous devons être tous également désireux de conserver, il soit suivi sans hésitation ni retard. »

Ainsi le prince Menschikoff n'avait fait que suivre les instructions qui lui avaient été données ; tout, jusqu'au langage impérieux avec lequel il revendiquait les prétendus droits de son maître, en vantant la modération de ce dernier, tout lui avait été dicté, et afin qu'on n'en puisse douter, c'est sur le même ton que M. de Nesselrode trouve convenable de s'exprimer ; la menace est sans cesse au bout de la plume de ce diplomate si modéré : « Hâtez-vous de signer *sans variantes* l'acte qu'on vous demande, ou nos soldats vont passer les frontières, *non pour faire la guerre,* mais pour s'emparer, en pleine paix et les armes à la main, de deux de vos provinces; ainsi l'exige la modération de notre auguste maître. »

Il est vraiment impossible de ne pas se demander, en lisant de telles extravagances diplomatiques, si c'est bien en plein xixᵉ siècle qu'elles ont été formulées. Quoi de plus simple au fond que cette question tant envenimée par la diplomatie russe? — Les lieux saints sont, depuis des siècles, sous la domination du sultan, qui, par une louable tolérance, a constamment admis les chrétiens de toutes les communions à faire leurs dévotions dans les sanctuaires consacrés par la naissance, la vie et la mort du Sauveur. N'est-il pas absurde après cela de rendre ce souverain si tolérant responsable des querelles des chrétiens entre eux?... Cependant, par amour de l'ordre et de la paix, il veut bien prêter l'oreille aux réclamations qui lui sont adressées; il veut bien donner toute satisfaction aux intérêts lésés, mais à la condition que ce soit de sa part un acte *de proprio motu;* la Russie, au contraire, veut qu'il s'engage par un traité dont elle lui dicte les termes, et qui équivaut, pour le monarque turc, à une abdication de sa couronne en faveur du czar. Là est toute la question, et il n'est pas de subterfuge, de subtilité de langage qui puisse en atténuer le fond. Aussi Reschid-Pacha n'hésita-t-il point à répondre comme il le devait au menaçant *ultimatum* de M. de Nesselrode. Voici cette réponse, document trop important pour n'être pas reproduit complétement.

« Je me suis empressé de mettre sous les yeux du sultan, mon auguste maître, la dépêche que Votre Excellence m'a fait l'honneur de m'adresser le 19 mai dernier.

« S. M. le sultan a toujours montré en toute occasion les plus grands égards pour S. M. l'empereur de Russie, qu'il considère comme son allié sincère et bien intentionné. La Sublime Porte ne mettant nullement en doute les intentions généreuses de l'empereur, a ressenti un profond chagrin de l'interruption des relations, survenue malheureusement parce qu'on n'a pas bien compris peut-être l'impossibilité réelle où elle se trouvait, à propos de la question soulevée par M. le prince Menschikoff, de consigner dans un engagement diplomatique les priviléges religieux accordés au rite grec. Toutefois, elle éprouve la consolation de voir que, pour sa part, elle n'a nullement contribué à amener un semblable état de choses.

« En effet, le gouvernement ottoman a montré dès le principe les meilleures dispositions et offert toutes les facilités relativement à toutes les questions que M. le prince Menschikoff était chargé de régler d'après les ordres de l'empereur, et même, dans une question aussi délicate que celle des priviléges religieux de l'Église grecque, s'inspirant encore de ses sentiments pacifiques, et ne refusant pas les assurances qui pouvaient faire disparaître et réduire à néant tous les doutes qui auraient pu s'élever à cet égard, la Porte espérait surtout de la sagesse reconnue du prince Menschikoff que cet ambassadeur se montrerait satisfait du projet de note qui lui avait été transmis en dernier lieu, et qui contenait toutes les assurances demandées. Quoi qu'il en soit, un fait regrettable s'est produit.

« Il est vrai que S. A. le prince Menschikoff a, la seconde fois, abrégé la minute du *sened* qu'il avait donné d'abord, et, en donnant à la fin un projet de note, il a fait quelques changements, soit dans les termes, soit dans la rédaction et le titre de la pièce. Mais le sens d'un engagement s'y trouvait toujours, et comme cet engagement diplomatique ne peut s'accorder ni avec l'indépendance du gouvernement ottoman, ni avec les droits de son autorité souveraine, on ne pouvait donner aux motifs d'impossibilité réelle présentés par la Porte le nom de refus, et faire de cela une question d'honneur pour S. M. l'empereur de Russie.

« De plus, si on se plaint de cette impossibilité en l'attribuant à un sentiment de défiance, la Russie, ne tenant aucun compte de toutes les assurances offertes par la Sublime Porte, et en déclarant qu'il était indispensable de les consigner dans un acte ayant force d'engagement, ne donne-t-elle pas plutôt une preuve patente de son manque de confiance envers le gouvernement ottoman, et celui-ci n'a-t-il pas, à son tour, le droit de s'en plaindre?

« Toutefois, il s'en remet, pour répondre sur ces deux points, à la haute justice si connue de l'empereur de Russie, ainsi qu'à la haute raison et aux sentiments pacifiques de Votre Excellence, que chacun, d'ailleurs, a pu connaître et apprécier.

« S. M. le sultan, par un firman impérial revêtu de son auguste *hatti-schérif,* vient de confirmer de nouveau les priviléges, droits et immunités dont les religieux et les églises du rite grec jouissent *ab antiquo.*

« La Sublime Porte n'hésitera jamais à donner et à maintenir les assurances contenues et promises dans le projet de note remis au prince Menschikoff peu avant son départ. La dépêche reçue de la part de Votre Excellence parle de faire passer les frontières aux

Lord Palmerston et lord J hu Russel.

troupes russes. Cette déclaration est incompatible avec les assurances de paix et de bon vouloir de S. M. l'empereur. Elle est, en vérité, si contraire à ce que l'on est en droit d'attendre d'une puissance amie, que la Porte ne saurait comment l'accepter. Les préparatifs militaires et les travaux de défense ordonnés par la Porte, ainsi qu'elle l'a déclaré officiellement aux puissances, ne sont donc nécessités que par les armements considérables de la Russie.

« Ils ne constituent qu'une mesure purement défensive. Le gouvernement du sultan, n'ayant aucune intention hostile contre la Russie, exprime le désir que les anciennes relations, que Sa Majesté regarde d'ailleurs comme si précieuses, et dont les nombreux avantages sont manifestes pour les deux parties, soient rétablies dans leur état primitif.

« J'espère que la cour de Russie appréciera avec un sentiment de confiante considération les intentions sincères et loyales de la Sublime-Porte, et tiendra compte de l'impossibilité réelle où elle se trouve de déférer aux désirs qui lui ont été exprimés. Que cette impossibilité soit appréciée comme elle mérite de l'être, et

la Sublime Porte, je puis l'assurer à Votre Excellence, n'hésitera pas à charger un ambassadeur extraordinaire de se rendre à Pétersbourg pour y renouer les négociations, et chercher, de concert avec le gouvernement de S. M. l'empereur de Russie, un accommodement qui, tout en étant agréable à Sa Majesté, serait tel que la Porte pourrait l'accepter sans porter aucune atteinte, soit aux bases de son indépendance, soit à l'autorité souveraine de S. M. le sultan.

« Votre Excellence peut tenir pour certain que, pour ma part, j'appelle ce résultat de tous mes vœux; j'aime à croire que de son côté il en est de même. »

Le sultan avait, en effet, confirmé et étendu par un firman, depuis le départ du prince Menschikoff, les droits et priviléges de l'Église grecque, et sa condescendance, son amour de la paix et sa justice s'étaient montrés tels qu'une adresse d'actions de grâces lui avait été votée à l'unanimité par les patriarches métropolitains, les évêques et chefs des corporations grecques. Mais tout cela ne pouvait rien contre le parti pris du gouvernement russe, qui continuait ses armements et ses concentrations de troupes. Ce fut alors que l'Angleterre, dont les ministres, lord Palmerston et lord John Russel, avaient été longtemps dupes des protestations de désintéressement de l'empereur de Russie, ouvrit enfin les yeux, et que l'ordre fut envoyé à sa flotte, qui était toujours à Malte, sous les ordres de l'amiral Dundas, de s'approcher des Dardanelles, et de se tenir à la disposition de lord Stratford, ambassadeur britannique à Constantinople. De son côté, le cabinet français, qui avait depuis longtemps deviné les projets du czar, donna le même ordre à la flotte d'évolutions, envoyée d'abord dans les eaux de Salamine. Les deux flottes se joignirent, le 14 juin, dans la baie de Besika.

Pendant ce temps, M. de Nesselrode publiait successivement (30 mai et 20 juin) deux circulaires dans lesquelles, avec une hypocrisie de langage incroyable, il protestait de son désir de la paix. « De *traité* proprement dit, écrit-il, il n'en a jamais été question. On s'est récrié hautement contre la forme de la *convention* que nous demandions, comme portant atteinte aux droits de souveraineté du sultan, comme nous conférant de fait, au nom de la religion, un droit d'ingérence perpétuelle dans les affaires intérieures de la Turquie. Nous croyons qu'on se crée là un fantôme, qu'on se préoccupe de craintes dont le fondement est plus spécieux que réel..... Qu'on nous permette de le dire : la contestation actuelle et tout le retentissement que la presse lui a donné en dehors des cabinets reposent sur un pur malentendu, ou sur un défaut d'attention suffisante à tous nos antécédents politiques... Nous l'avons dit, et nous le répétons, l'empereur ne veut pas plus aujourd'hui, qu'il ne l'a voulu dans le passé, renverser l'empire ottoman ou s'agrandir à ses dépens. »

Cette modération, cet amour si vif de la paix, ne tardèrent pas à se manifester. Le 26 juin, l'empereur de Russie publiait un manifeste ainsi conçu :

« Par la grâce de Dieu, nous, Nicolas Ier, empereur et autocrate de toutes les Russies, etc.,

« Savoir faisons :

« Il est à la connaissance de nos fidèles et bien-aimés sujets que, de temps immémorial, nos glorieux prédécesseurs ont fait vœu de défendre la foi orthodoxe.

« Depuis l'instant où il a plu à la divine Providence de nous transmettre le trône héréditaire, l'observation de ces devoirs sacrés, qui en sont inséparables, a constamment été l'objet de nos soins et de notre sollicitude. Basés sur le glorieux *traité de Kaïnardji*, confirmés par les transactions solennelles conclues postérieurement avec la Porte-Ottomane, ces soins et

cette sollicitude ont toujours eu pour but de garantir les droits de l'*église orthodoxe*.

« Mais, à notre profonde affliction, malgré tous nos efforts pour défendre l'intégrité des droits et priviléges de notre église orthodoxe, dans ces derniers temps, de nombreux actes arbitraires du gouvernement ottoman ont porté atteinte à ces droits, et menaçaient enfin d'anéantir complétement tout l'ordre de choses sanctionné par les siècles, et si cher à la foi orthodoxe.

« Nos efforts pour détourner la Porte d'actes semblables sont restés infructueux, et même la parole solennelle que le sultan nous avait donnée en cette occasion n'a pas tardé à être violée.

« Après avoir épuisé toutes les voies de la persuasion et tous les moyens d'obtenir à l'amiable la satisfaction due à nos justes réclamations, nous avons jugé indispensable de faire entrer nos troupes dans les principautés danubiennes, afin de montrer à la Porte où peut la conduire son opiniâtreté. Toutefois, même à présent, notre intention n'est point de commencer la guerre ; par l'occupation des principautés, nous voulons avoir entre les mains un gage qui nous réponde en tout état de cause du rétablissement de nos droits.

« Nous ne cherchons point de conquêtes ; la Russie n'en a pas besoin. Nous demandons qu'il soit satisfait à un droit légitime si ouvertement enfreint. Nous sommes prêt, même dès à présent, à arrêter le mouvement de nos troupes, si la Porte-Ottomane s'engage à observer religieusement l'intégrité des priviléges de l'église orthodoxe. Mais si l'obstination et l'aveuglement veulent absolument le contraire, alors, appelant Dieu à notre aide, nous nous en remettrons à lui du soin de décider de notre différend, et, plein d'espoir en sa main toute-puissante, nous marcherons à la défense de la foi orthodoxe. »

Nous verrons tout à l'heure ce que c'est que cette église orthodoxe dont le czar parle avec tant de fracas ; voyons d'abord en quoi ce fameux traité de Kaïnardji si souvent invoqué justifie les prétentions exorbitantes de la Russie. Dans l'article 7 de ce traité, signé en 1774, il est dit :

« La Porte promet de protéger la religion chrétienne et ses églises, et il sera libre aux ministres de Russie de faire des représentations en faveur de la nouvelle église dont il est parlé dans l'article 14. »

Or cet article 14 est ainsi conçu :

« Il est permis à la cour de Russie, outre la chapelle bâtie dans la maison du ministre, de construire dans un quartier de Galata, dans la rue nommée Bey-Oglou, une église publique du rite grec, qui sera toujours sous la protection du ministre russe, et à l'abri de toute gêne et avanie. ».

A cela se bornent les concessions particulières faites à la Russie. Ne faut-il pas avoir un talent d'interprétation des plus extraordinaires pour prétendre que le protectorat du czar sur l'église grecque ressorte formellement de ces articles?

Il y a plus : ni les Russes, ni le czar leur maître, n'appartiennent à la religion grecque proprement dite; cette église, qu'ils appellent orthodoxe, n'est qu'un schisme substitué par eux à la foi romaine, qu'ils avaient d'abord embrassée. « Tout en conservant les dogmes byzantins pour base, dit un historien moderne, l'église nationale russe s'est tellement transformée, avec le cours des siècles, dans les conditions hiérarchiques et sous le mécanisme essentiel de sa discipline, qu'elle éprouverait la plus grande difficulté à justifier cette assimilation qu'elle prétend avoir avec l'église de Constantinople, et dont elle se fait un titre pour en revendiquer le protectorat. D'abord le lien de la langue, qui, dans toute société religieuse, est d'une importance si capitale, le lien de la langue lui fait défaut : l'église de Constantinople parle grec, l'église russe parle slavon. Ensuite, et ceci surtout creuse un abîme entre les deux institutions, l'église russe a perdu son patriarcat, tandis que l'église de Constantinople a conservé le sien... Quel est, chez les Russes, le chef visible de l'église? Le saint-synode, dira-t-on. Mais qu'est-ce que le saint-synode, sinon un véritable bureau dont les employés, nommés par le czar, sont inspirés, contrôlés, dirigés par un procureur auquel le czar donne mission de le représenter? Ce procureur est actuellement un général de cavalerie !

Tels sont pourtant les misérables prétextes sur lesquels l'empereur Nicolas s'est appuyé pour envahir, en pleine paix, deux provinces turques : la Valachie et la Moldavie. Le manifeste du czar est daté du 26 juin ; le 3 juillet, cent cinquante mille Russes passaient le Pruth, et le prince Gortschakoff, qui les commandait, adressait aux malheureux habitants de ces provinces cette proclamation, dont chaque phrase était un odieux mensonge que les faits devaient bientôt mettre à nu :

« Habitants de la Moldavie et de la Valachie, S. M. l'empereur, mon auguste maître, m'a ordonné d'occuper votre territoire avec le corps d'armée dont il a daigné me confier le commandement.

« Nous n'arrivons au milieu de vous ni avec des projets de conquête, ni avec l'intention de modifier les institutions qui vous régissent et la situation po-

litique que des traités solennels vous ont garantie.

« L'occupation provisoire des principautés, que je suis chargé d'effectuer, n'a d'autre but que celui d'une protection immédiate et efficace dans des circonstances imprévues et graves où le gouvernement ottoman, méconnaissant les nombreuses preuves d'une sincère alliance que la cour impériale n'a cessé de lui donner depuis la conclusion du traité d'Andrinople, répond à nos propositions les plus justes par des refus, à nos conseils les plus désintéressés par la plus offensante méfiance.

« Dans sa longanimité, dans son constant désir de maintenir la paix en Orient comme en Europe, l'empereur évitera une guerre offensive contre la Turquie, aussi longtemps que sa dignité et les intérêts de son empire le lui permettront.

« Le jour où il obtiendra la réparation qui lui est due et les garanties qu'il est en droit de réclamer pour l'avenir, ses troupes rentreront dans les limites de la Russie.

« Habitants de la Moldavie et de la Valachie, je remplis également un ordre de Sa Majesté Impériale, en vous déclarant que la présence de ses troupes dans votre pays ne vous imposera ni charges, ni contributions nouvelles; que les fournitures en seront liquidées par nos caisses militaires en temps opportun, et à un taux fixé d'avance, d'accord avec vos gouvernements.

« Envisagez votre avenir sans inquiétude ; livrez-vous avec sécurité à vos travaux agricoles et à vos spéculations commerciales; obéissez aux règlements qui vous régissent et aux autorités établies. C'est par le fidèle accomplissement de ces devoirs que vous acquerrez les meilleurs titres à la puissante protection de S. M. l'empereur. »

Pour mettre à néant ce honteux machiavélisme, ces déclamations mensongères, il ne fallut que quelques lignes d'un véritable homme d'État, de M. Drouin de Lhuys, notre ministre des affaires étrangères. Voici en quels termes cet homme éminent, dans la circulaire qu'il adressa, le 15 juillet 1853, aux agents français à l'étranger, fit justice des ruses, des misérables subterfuges, de tous les moyens cauteleux mis en œuvre par le cabinet russe pour justifier l'agression inique dont il s'était rendu coupable.

« Monsieur, la nouvelle dépêche de M. le comte de Nesselrode, que le *Journal de Saint-Pétersbourg* publiait le lendemain du jour où elle était expédiée à toutes les légations de Russie, a produit sur le gouvernement de l'Empereur une impression que Sa Majesté impériale m'a ordonné de vous faire connaître sans détour.

« Nous ne pouvons que déplorer de voir la Russie, au moment même où toutes les forces des cabinets pour amener une solution satisfaisante des difficultés actuelles témoignent si hautement de leur modération, prendre une attitude qui rend le succès de leurs négociations plus incertain, et impose à quelques-uns d'entre eux le devoir de repousser la responsabilité que l'on essayait vainement de faire peser sur leur politique.

« Je ne voudrais pas, Monsieur, revenir sur une discussion épuisée; mais comme M. de Nesselrode allègue toujours, à l'appui des prétentions de Saint-Pétersbourg, l'offense que la Porte aurait commise à son égard, en ne tenant pas compte des promesses qu'elle aurait faites à la légation de Russie à l'époque du premier règlement de la question des lieux saints, en 1852, je suis bien forcé de répéter que les firmans rendus par le sultan, à la suite de la mission de M. le prince Menschikoff, ont ôté tout fondement à cet unique grief, et que s'il est un gouvernement autorisé à élever des plaintes légitimes, *ce n'est pas celui de S. M. l'empereur Nicolas.*

« En effet, à la date du 10 mai dernier, M. le comte de Nesselrode, qui venait de recevoir des dépêches de M. l'ambassadeur de Russie à Constantinople, se félicitait, avec M. le général de Castelbajac [1], d'un résultat qu'il considérait comme une heureuse conclusion de l'affaire des lieux-saints; M. Kisseleff [2], à Paris, me faisait une semblable déclaration, et partout les agents du cabinet de Saint-Pétersbourg tenaient le même langage.

« Les demandes formulées postérieurement par M. le prince Menschikoff quand l'objet principal de sa mission était atteint, quand on annonçait déjà son retour, ne se rattachaient donc par aucun lien à celles qu'il avait fait accueillir par la Porte; et c'était bien une nouvelle question, une difficulté plus grave qui surgissait à Constantinople, alors que l'Europe, un instant alarmée, était invitée par la Russie elle-même à se rassurer complétement.

« Pris en quelque sorte au dépourvu par des exigences qu'ils n'avaient pas dû soupçonner, les représentants de la France, de l'Autriche, de la Grande-Bretagne et de la Prusse à Constantinople ont loyalement employé leurs efforts pour empêcher une rupture dont les conséquences pouvaient être si fatales. Ils n'ont pas conseillé à la Porte une résistance de nature à l'exposer aux dangers les plus sérieux; et reconnaissant à l'unanimité que les demandes de la Russie touchaient de trop près à la liberté d'action et à la souveraineté du sultan pour qu'ils pussent se permettre un avis, ils ont laissé aux seuls ministres de Sa Hautesse la responsabilité du parti à prendre. Il n'y a donc eu de leur part ni pression d'aucun genre, ni ingérance quelconque, et si le gouvernement ottoman, livré à lui-même, n'a pas voulu souscrire aux conditions qu'on prétendait lui imposer, il faut assurément qu'il les ait trouvées entièrement incompatibles avec son indépendance et sa dignité. .

« C'est dans de telles conjonctures, Monsieur, que M. le prince Menschikoff a quitté Constantinople en rompant toutes relations diplomatiques entre la Russie et la Porte, et que les puissances engagées par leurs traditions et leurs intérêts à maintenir l'intégrité de la Turquie ont eu à se tracer une ligne de conduite.

« Le gouvernement de Sa Majesté Impériale, d'accord avec celui de Sa Majesté Britannique, a pensé que la situation était trop menaçante pour ne pas être surveillée de près, et les escadres de France et d'Angleterre reçurent bientôt l'ordre d'aller mouiller dans la baie de Besika, où elles arrivèrent vers le milieu du mois de juin.

« Cette mesure, toute de prévoyance, n'avait aucun caractère hostile à l'égard de la Russie : elle était impérieusement commandée par la gravité des circonstances et amplement justifiée par les préparatifs de guerre qui, depuis plusieurs mois, se faisaient en Bessarabie et dans la rade de Sébastopol.

« Le motif de rupture entre le cabinet de Saint-Pétersbourg et la Porte avait pour ainsi dire disparu, la question qui pouvait se poser à l'improviste à Constantinople, c'était celle de l'existence même de l'empire ottoman, et jamais le gouvernement de Sa Majesté Impériale n'admettra que de vastes intérêts se trouvent en jeu sans revendiquer aussitôt la part d'influence et d'action qui convient à sa puissance et à son rang dans le monde.

« A la présence d'une armée russe sur les frontières de terre de la Turquie, il avait le droit et le devoir de répondre par la présence de ses forces navales à Besika, dans une baie librement ouverte à toutes les marines, et située en deçà des limites que les traités défendent de franchir en temps de paix.

« Le gouvernement de Russie, du reste, devait bientôt se charger d'expliquer lui-même la nécessité du mouvement ordonné aux deux escadres.

« Le 31 mai, en effet, quand il était impossible de connaître à Saint-Pétersbourg, où la nouvelle n'en parvint que le 17 juin, les résolutions auxquelles pourraient s'arrêter la France et l'Angleterre, M. le comte de Nes-

<hr>

M. Drouin de Lhuys.

selrode envoyait à la Porte, sous forme d'une lettre à Reschid-Pacha, un dernier ultimatum, à bref délai, et qui contenait, très-clairement exprimée, la menace d'une prochaine occupation des principautés du Danube.

« Lorsque cette décision était prise avec une solennité qui ne permettait plus à un gouvernement jaloux de sa dignité de la modifier, lorsque, par une circulaire datée du 11 juin, S. M. l'empereur Nicolas l'a fait annoncer à l'Europe, comme pour en rendre l'exécution plus irrévocable, notre escadre était encore à Salamine, et celle de l'Angleterre n'était pas sortie du port de Malte.

« Ce simple rapprochement de date suffit, Monsieur, pour indiquer de quel côté est partie cette initiative que l'on s'efforce aujourd'hui de décliner en en rejetant la responsabilité sur la France et l'Angleterre ; il suffit également pour prouver qu'entre la communication faite à Paris et à Londres de la démarche tentée directement par M. le comte de Nesselrode à Constantinople et le rejet de cet ultimatum, le temps a manqué matériellement au gouvernement de Sa Majesté impériale et de

Sa Majesté britannique pour exercer dans un sens quelconque leur influence à Constantinople. Non, Monsieur, je le dis avec toute la puissance de la conviction, le gouvernement français, dans ce grave débat, n'a nul reproche à se faire : il repousse du fond de sa conscience non moins que devant l'Europe la responsabilité qu'on lui impute, et, fort de sa modération, en appelle sans crainte à son tour au jugement des cabinets.

« Sauf le but si différent des deux démonstrations, il y avait peut-être une sorte d'analogie dans les situations respectives, quand l'armée russe se tenait sur la rive gauche du Pruth et que les flottes de France et d'Angleterre jetaient l'ancre à Besika. Cette analogie a disparu depuis le passage de la rivière qui forme les limites de l'empire russe et de l'empire ottoman. M. le comte de Nesselrode, d'ailleurs, semble le reconnaître quand il suppose déjà les escadres en vue de Constantinople, et représente comme une compensation nécessaire, à ce qu'il appelle notre *occupation maritime*, la position prise par les troupes russes sur les bords du Danube.

« Les forces anglaises et françaises ne portent, par leur présence en dehors des Dardanelles, aucune atteinte aux traités existants. L'occupation de la Moldavie et de la Valachie, au contraire, constitue une violation manifeste de ces mêmes traités. Celui d'Andrinople, celui qui détermine les conditions du protectorat de la Russie, pose implicitement le cas où il serait permis à cette puissance d'intervenir dans les principautés : ce serait si leurs priviléges étaient méconnus par les Turcs.

« En 1848, quand ces provinces ont été occupées par les Russes, elles se trouvaient en proie à une agitation révolutionnaire qui menaçait également leur sécurité, celle de la puissance souveraine et celle de la puissance protectrice. La convention de Balta-Liman, enfin, a admis que, si des événements semblables venaient à se reproduire dans une période de sept années, la Russie et la Turquie prendraient en commun les mesures les plus propres à rétablir l'ordre. Les priviléges de la Moldavie, de la Valachie sont-ils menacés? des troubles révolutionnaires ont-ils éclaté sur leur territoire? Les faits répondent d'eux-mêmes qu'il n'y a lieu, pour le moment, à l'application ni du traité d'Andrinople, ni de la convention de Balta-Liman.

« De quel droit les troupes russes ont-elles donc passé le Pruth, si ce n'est du droit de la guerre? d'une guerre, je le reconnais, dont on ne veut pas prononcer le vrai nom, mais qui dérive d'un principe nouveau, fécond en conséquences désastreuses, que l'on s'étonne de voir pratiquer pour la première fois par une puissance conservatrice de l'ordre européen à un degré aussi éminent que la Russie, et qui n'irait à rien moins qu'à l'oppression, en pleine paix, des États faibles par les États plus forts qui sont leurs voisins.

« L'intérêt général du monde s'oppose à l'admission d'une semblable doctrine, et la Porte, en particulier, a le droit incontestable de voir un acte de guerre dans l'envahissement de deux provinces qui, quelle que soit leur organisation spéciale, font partie intégrante de son empire. Elle ne violerait donc pas plus que les puissances qui viendraient à son aide le traité du 13 juillet 1841, si elle déclarait les détroits des Dardanelles et du Bosphore ouverts aux escadres de France et d'Angleterre. L'opinion du gouvernement de Sa Majesté Impériale est formelle à cet égard, et bien que, dans sa pensée, elle n'exclue pas la recherche d'un moyen efficace de conciliation entre la Russie et la Turquie, j'ai invité M. le général de Castelbajac à faire connaître notre manière de voir à M. le comte de Nesselrode, et à lui communiquer cette dépêche. »

Il était impossible de résumer plus clairement, plus complétement la situation et les actes qui l'avaient amenée. Sans être aussi ferme, aussi explicite, sans stigmatiser la conduite du cabinet russe avec autant de vigueur, lord Clarendon, ministre des affaires étrangères de Sa Majesté britannique, écrivit dans le même sens aux agents diplomatiques anglais. Quant au gouvernement ottoman, bien qu'il ressentît vivement les outrages qui lui étaient prodigués par le czar et ses ministres, il se borna, par déférence pour la France et l'Angleterre, qui ne désespéraient pas encore complétement du maintien de la paix, à protester en termes modérés contre l'occupation par les troupes russes des provinces danubiennes.

Mais pendant que circulaires et protestations couraient sur tous les chemins de l'Europe, les Russes traitaient en pays conquis ces provinces où ils étaient entrés en prodiguant toutes sortes de séduisantes promesses, et les malheureux Moldaves et Valaques savaient dès lors à quoi s'en tenir sur la modération de l'empereur Nicolas et sur son prétendu gouvernement paternel.

La guerre existait donc de fait, mais elle n'était pas déclarée, et la diplomatie s'apprêtait à de nouveaux efforts pour l'empêcher d'éclater.

CHAPITRE IV

CONFÉRENCE DE VIENNE

Note de la conférence de Vienne. — Conduite énergique de Reschid-Pacha. — Acceptation de la note par la Russie. — Héroïque résolution du sultan. — Déclaration de guerre de la Porte à la Russie. — Modération du gouvernement ottoman.

Le monde diplomatique européen tout entier était dans les douleurs de l'enfantement; de toutes parts on cherchait une solution pacifique à la question que la la mauvaise foi du cabinet russe s'efforçait de rendre insoluble autrement que par les armes. Déjà, presque immédiatement après que le prince Menschikoff avait quitté Constantinople, les représentants des quatre grandes puissances occidentales, MM. de Buol pour l'Autriche, de Bourqueney pour la France, de Canitz pour la Prusse, et lord Westmoreland pour l'Angleterre, s'étaient réunis à Vienne en conférence. Les travaux de cet illustre aréopage se traînaient néanmoins assez péniblement depuis plus d'un mois et ne semblaient pas devoir aboutir de sitôt, lorsque arriva dans la capitale de l'Autriche la nouvelle de l'envahissement des provinces danubiennes par les troupes russes.

Il n'y avait plus à temporiser : la Porte, il est vrai, s'était contentée de protester contre cette violation des traités que rien ne justifiait; mais elle pouvait être entraînée par l'opinion publique, qui se manifestait avec énergie, à de plus graves déterminations. On s'empressa donc de remettre sur le tapis un projet de note émanée de M. Drouin de Lhuys, lequel avait été communiqué par l'ambassadeur français à Saint-Pétersbourg, M. de Castelbajac, au comte de Nesselrode, qui s'en était montré satisfait, mais qu'on n'avait osé ensuite proposer à la Porte, à cause de l'irritation causée à Constantinople par les violences et le manque de foi de la Russie. Ce projet fut de nouveau examiné, discuté, remanié, et définitivement arrêté le 31 juillet 1853. Nous le rapporterons dans son entier comme une des pièces les plus importantes de ce grand procès, dont l'issue peut changer la face du monde.

« S. M. le sultan n'ayant rien de plus à cœur que de rétablir entre elle et S. M. l'empereur de Russie les relations de bon voisinage et de parfaite entente qui ont été malheureusement altérées par de récentes et pénibles complications, a pris soigneusement à tâche de rechercher les moyens d'effacer les traces de ce différend.

« Un *iradé* suprême, en date de..., lui ayant fait connaître la décision impériale, la Sublime Porte se félicite de pouvoir la communiquer à S. Ex. le comte de Nesselrode.

« Si, à toutes les époques, les souverains de Russie ont témoigné leur active sollicitude pour les maintien des immunités et priviléges de l'église orthodoxe grecque dans l'empire ottoman, les sultans ne se sont jamais refusés à les consacrer de nouveau par des actes solennels qui attestaient de leur ancienne et constante bienveillance à l'égard de leurs sujets chrétiens. S. M. le sultan Abd-ul-Medjid, aujourd'hui régnant, animé des mêmes dispositions, et voulant donner à S. M. l'empereur de Russie un témoignage personnel de son amitié la plus sincère, n'a écouté que sa confiance infinie dans les qualités éminentes de son auguste ami et allié, et a daigné prendre en sérieuse considération les représentations dont S. E. le prince Menschikoff s'est rendu l'organe auprès de la Sublime Porte.

« Le soussigné a reçu l'ordre, en conséquence, de déclarer par la présente que S. M. le sultan restera fidèle à l'esprit des stipulations du traité de Kaïnardji et d'Andrinople, relativement à la protection du culte chrétien, et que Sa Majesté regarde comme étant de son honneur de faire observer à tout jamais et de préserver de toute atteinte soit présentement, soit dans l'avenir, la jouissance des priviléges spirituels qui ont été accordés par les illustres aïeux de Sa Majesté à l'église orthodoxe d'Orient, et qui sont maintenus et confirmés par elle, et, en outre, à faire participer, dans un esprit de haute équité le rite grec aux avantages concédés aux autres rites chrétiens par conventions ou dispositions particulières.

« Du reste, comme le firman impérial qui vient d'être donné au patriarcat et au clergé grecs, et qui contient la confirmation de leurs priviléges spirituels, doit être regardé comme une nouvelle preuve de ces nobles sentiments, et comme, en outre, la proclamation de ce firman, qui donne toute sécurité, devra faire disparaître toute crainte à l'égard du rite qui est la religion de S. M. l'empereur de Russie, je suis heureux d'être chargé de faire la présente notification.

« Quant à la garantie qu'à l'avenir il ne sera rien changé aux lieux de visitation de Jérusalem, elle résulte du firman revêtu du hatti-schérif du 15 de la lune de rebiul-akhir 1268 (février 1852), expliqué et corroboré par les firmans des..., et l'intention de S. M.

le sultan est de faire exécuter sans aucune altération ses décisions souveraines.

« La Sublime Porte, en outre, promet officiellement qu'il ne sera apporté aucune modification à l'état des choses qui vient d'être réglé, sans entente préalable entre les gouvernements de France et de Russie, et sans préjudice pour les différentes communautés chrétiennes.

« Pour le cas où la cour impériale de Russie en ferait demande, il sera assigné une localité convenable, dans la ville de Jérusalem ou dans les environs, pour la construction d'une église consacrée à la célébration du service divin pour les ecclésiastiques russes, et d'un hospice pour les pèlerins indigents ou malades de la même nation.

« La Sublime Porte s'engage dès à présent à souscrire un acte solennel qui placerait ces fondations pieuses sous la surveillance spéciale du consulat général de Russie en Syrie et en Palestine. »

Mais, tandis que les diplomates réunis à Vienne discutaient et arrêtaient les termes de cette note, Reschid-Pacha, de son côté, après avoir protesté, comme nous l'avons dit, contre l'occupation des provinces danubiennes par les troupes russes, avait rédigé, lui aussi, un projet de note qui lui semblait être de nature à satisfaire l'empereur Nicolas, et il l'avait envoyé aux membres de la conférence, accompagnée d'une lettre dans laquelle il déclarait officiellement que, quoi qu'il pût arriver, il était bien résolu à ne pas aller au delà des termes de ce projet, toute autre concession ne pouvant être faite sans porter atteinte à la dignité et à l'indépendance de la Porte. Or ce projet de note du ministre ottoman différait essentiellement, et par la forme et par le fond, de celle adoptée par la conférence : « Il est de l'intention sincère de S. M. le sultan, y était-il dit, d'assurer à l'église grecque à perpétuité la jouissance des priviléges spirituels qui sont confirmés dans les firmans promulgués dernièrement, et de lui accorder aussi tels autres priviléges et immunités qu'il plairait à Sa Majesté d'accorder désormais à tout autre culte quelconque de ses sujets chrétiens. » A cela se bornaient les engagements du sultan envers la Russie. On voit quelle immense différence il y avait entre ces deux documents ; ils étaient absolument inconciliables, et la déclaration de Reschid-Pacha, si on s'y arrêtait, rendait la solution pacifique absolument impossible. Dans ces conjonctures, la conférence de Vienne prit un parti héroïque : elle regarda le projet de note du ministre ottoman comme non avenu et décida que la note adoptée à Vienne serait envoyée telle quelle à Saint-Pétersbourg et à Constantinople.

La Russie adopta sans modifications la rédaction des diplomates réunis à Vienne, ce qui ne paraîtra pas extraordinaire, si l'on veut se reporter aux principaux paragraphes de cette pièce, et particulièrement à celui où le protectorat de Nicolas sur les sujets chrétiens du sultan était implicitement reconnu. Cependant, en l'acceptant, M. de Nesselrode ne manqua pas d'exalter la modération de l'empereur, qui ne consentait, selon lui, à cette transaction que par amour pour la paix : « Vous connaissez, écrivait-il à M. de Meyendorf[1] en lui annonçant cette acceptation, le désir très-sincère de la part de notre auguste maître de faire cesser, autant que cela peut dépendre de lui, les anxiétés que l'on éprouve en Europe, avec quelque exagération peut-être, à l'occasion de notre différend actuel avec la Turquie. Sa Majesté vous charge en conséquence, monsieur le baron, de déclarer au ministère de l'empereur François-Joseph, ainsi qu'à vos collègues de France, d'Angleterre et de Prusse que, pour notre part, nous acceptons tel quel le dernier projet de note formulé à Vienne, et qu'un ambassadeur du sultan, porteur de ce document serait reçu à Saint-Pétersbourg, sans aucune difficulté, et avec tous les égards d'usage.

« Je crois superflu de faire observer ici à Votre Excellence qu'en accueillant, comme nous le faisons, par esprit de conciliation, l'expédient concerté à Vienne de la note dont il s'agit, et l'envoi d'une ambassade turque, nous entendons bien ne plus avoir à examiner ou à discuter de nouvelles modifications et de nouveaux projets élaborés à Constantinople sous les inspirations belliqueuses qui paraissent dominer à cette heure le sultan et la plupart de ses ministres, et que, dans le cas où le gouvernement ottoman rejetterait encore ce dernier projet d'arrangement, nous ne nous considérerions plus comme liés par le consentement que nous y donnons aujourd'hui.

« Si l'Europe a besoin, comme on ne cesse de nous le dire, de voir se terminer la crise qui menace l'Orient, c'est à Constantinople que doivent s'adresser à l'avenir les bienveillants et pacifiques efforts des grandes puissances, que nous secondons de notre côté par *tous les sacrifices* compatibles avec la dignité de la Russie et la justice de la cause dont elle a dû prendre en main la défense. »

Quels sacrifices faisait donc la Russie en acceptant ce projet de note qui n'avait certes été dicté aux représentants des grandes puissances que par leur extrême désir de conserver la paix ? N'y était-il pas dit que le sultan *s'engageait à demeurer fidèle* A LA LETTRE ET A

----

1. Ambassadeur russe à Vienne.

Omer-Pacha dans son camp.

L'ESPRIT *des stipulations du traité de Kaïnardji et d'Andrinople, relativement* A LA PROTECTION DU CULTE CHRÉTIEN? et cela ne lui laissait-il pas une porte constamment ouverte pour intervenir dans les affaires du gouvernement turc? Ce fut ce que comprit parfaitement le ministère ottoman et particulièrement Reschid-Pacha, qui ne cessa de montrer dans ces débats autant d'énergie que de haute capacité. En vain lord Stratford, lorsque l'acceptation de la Russie fut connue à Constantinople (11 août 1853),

représenta-t-il au Divan que les quatre grandes puissances occidentales étant d'accord sur la forme et sur le fond, la Porte ne pouvait, sous peine de s'isoler complétement, rejeter ce qu'elles avaient accepté, Reschid, qui était l'âme du ministère, comme Omer-Pacha était dès lors celle de l'armée, ne se laissa pas intimider; non-seulement il ne s'engagea à rien, mais en soumettant cette note au conseil, il appela son attention sur les passages qui, selon lui et selon la raison, portaient atteinte à l'indépendance du sultan; et cette atteinte était si évidente, que le projet de note fut rejeté à une forte majorité. Reschid eût pu s'en tenir là, mais il voulut prouver qu'il était autant homme de paix que les diplomates de qui était émanée cette combinaison ; il proposa donc au conseil d'accepter la note en principe, en demandant des modifications sur les points les plus compromettants pour l'indépendance de l'empire ottoman. Cet avis prévalut ; les modifications furent proposées, discutées, adoptées, et elles étaient telles que si la Russie eût été animée de cet amour de la paix qu'elle proclamait à tout propos, elle n'eût pas hésité à les accepter ; ainsi que devaient s'y attendre les gens clairvoyants, ce fut le contraire qui arriva : non-seulement la Russie refusa d'admettre toute espèce de modifications, mais M. de Nesselrode profita de cette circonstance pour notifier aux puissances européennes la résolution du czar de maintenir par tous les moyens possibles le protectorat qu'il prétendait lui être acquis sur les sujets du sultan appartenant à l'église grecque.

Il devint dès lors évident que tous les efforts de la diplomatie européenne seraient impuissants à empêcher la guerre d'éclater. Certes, le sultan Abd-ul-Medjid ne se faisait pas illusion sur les forces matérielles de la Russie ; mais, confiant en son bon droit, et sentant bien que sa chute frapperait d'un stigmate ineffaçable les puissances occidentales, il résolut de faire tête à l'orage, et de tomber avec honneur plutôt que de s'incliner ignominieusement devant le colosse du Nord.

Le 25 septembre, le gouvernement ottoman convoqua un grand conseil où furent admis, indépendamment des dix-sept ministres composant le cabinet, deux cents membres civils et militaires, tous dignitaires de l'État et chefs d'administration ; à ces hommes vieillis dans les affaires fut soumise la grande question de la paix ou de la guerre, et telle était l'évidence du bon droit de la Porte, qu'après deux séances de dix heures chacune, l'assemblée se déclara, à l'unanimité, pour le maintien des droits du sultan contrairement aux stipulations de la note de Vienne. Il fut en outre décidé que tant que les Russes n'auraient pas repassé le Pruth, la Turquie devait se considérer en état de guerre contre eux.

Cette déclaration de guerre fut officiellement constatée dans le *Journal de Constantinople* du 4 octobre ; le 8 du même mois, le grand vizir l'annonça par une proclamation pleine de dignité, de modération et du sentiment du bon droit qui l'avait dictée.

« Qu'il soit bien compris, était-il dit dans cette pièce, que cette guerre est une guerre contre un gouvernement qui, sans la moindre provocation, a violé les droits de l'indépendance de l'empire ottoman. Les relations amicales qui existent entre la Sublime Porte et les autres nations amies ne doivent pas souffrir la moindre altération, par suite des conséquences de cette situation. Personne donc ne doit molester les marchandises ou les sujets de ces puissances, quelle que soit leur religion. La vie, l'honneur et les propriétés des rayas doivent être sacrés comme les nôtres. »

Le même jour, 8 octobre, Omer-Pacha, généralissime des troupes turques en Roumélie, écrivait au prince Gortschakoff, commandant en chef des troupes russes qui avaient envahi la Moldavie et la Valachie :

« Monsieur le général, c'est par ordre de mon gouvernement que j'ai l'honneur d'adresser cette lettre à Votre Excellence.

« Tandis que la Porte épuisait tous les moyens de conciliation, afin de maintenir la paix en même temps que son indépendance, la cour de Russie n'a cessé de faire naître des difficultés, et elle a été jusqu'à violer les traités par l'occupation des principautés de Moldavie et de Valachie, qui forment partie intégrante de l'empire.

« Fidèle à son système pacifique, la Sublime Porte, au lieu d'user de son droit de représailles, s'est bornée alors à protester, sans s'écarter de la voie qui pouvait encore mener à un arrangement. La Russie, au contraire, se gardant bien de montrer des sentiments analogues, a fini par rejeter les propositions recommandées par les augustes cours médiatrices, et nécessaires à l'honneur comme à la sûreté du gouvernement ottoman. Il ne reste, par conséquent, à celui-ci que l'indispensable obligation de recourir à la guerre. Mais, puisque l'invasion des principautés et la violation des traités qui l'accompagne sont les causes inévitables de la guerre, la Sublime Porte, pour dernière expression de ses sentiments pacifiques, invite Votre Excellence, par mon intermédiaire, à évacuer les deux principautés, et elle vous accorde, pour vous conformer à cette invitation, un délai de quinze jours. C'est ce que j'ai l'honneur de faire savoir à Votre Excellence, en saisissant cette occasion pour lui offrir les assurances de ma parfaite considération. »

Le prince Gortschakoff, ainsi qu'on devait s'y attendre, se borna à répondre qu'il ne pouvait qu'obéir aux ordres de l'empereur, son maître, en vertu desquels il occupait les principautés.

La question allait donc être résolue par les armes et l'on pouvait s'attendre d'un jour à l'autre à voir commencer les hostilités. Cependant les diplomates de la conférence de Vienne n'avaient pas encore perdu tout espoir de conserver la paix : l'empereur Nicolas devant se rendre à Ollmütz pour y avoir une entrevue avec l'empereur d'Autriche et le roi de Prusse, ils imaginèrent une nouvelle combinaison qui consistait à faire accepter par la Turquie la note de Vienne, accompagnée d'une autre note des quatre puissances dans laquelle l'indépendance du sultan serait garantie. M. de Buol, ministre des affaires d'Autriche, se chargea de faire agréer cette combinaison au czar, et à cet effet il se rendit à Ollmütz ; mais on put être bientôt convaincu que l'empereur Nicolas n'était pas venu dans cette ville pour y entendre des propositions de paix, et bien que l'on ignore ce qui se passa dans la première entrevue qui eut lieu entre les deux empereurs le 25 septembre et dans celle du 3 octobre, à laquelle assista le roi de Prusse, on ne saurait douter que le czar ne les avait provoquées que pour engager les souverains de Prusse et d'Autriche à joindre leurs armes aux siennes.

Quoi qu'il en soit, le gouvernement ottoman donna en cette circonstance une nouvelle preuve de sa modération et de son amour de la paix, en envoyant l'ordre à Omer-Pacha de rester sur la défensive jusqu'au 1er novembre, dans le cas où les hostilités ne seraient pas commencées lorsque cet ordre lui parviendrait. Mais lorsque le général ottoman reçut ce message, le sang avait déjà coulé : le jour même où expirait le délai accordé au prince Gortschakoff pour évacuer les principautés, attaqués dans le fort d'Issatcha qu'ils occupaient, sur la rive gauche du Danube, les Turcs, bien qu'inférieurs en nombre, s'y étaient vigoureusement défendus, et deux compagnies russes avaient été battues près de Tourtoukai par un détachement d'infanterie égyptienne. Il ne s'agissait donc plus de négocier, mais de combattre.

Telles sont les diverses péripéties du premier acte de ce grand drame dont il est encore impossible de prévoir le dénouement. Le moment est venu de jeter un coup d'œil sur les forces et les ressources des deux puissances belligérantes, de faire connaître leurs gouvernements, l'étendue de leurs possessions, les lois, les mœurs des populations diverses des deux empires. C'est ce que nous allons tenter d'accomplir avec toute l'impartialité dont nous croyons avoir fait preuve jusqu'ici.

CHAPITRE V

I

Étendue et population de la Russie. — L'empereur Nicolas. — Commencement de règne. — Qualités de Nicolas. — Titres que prend le czar dans les actes officiels. — Anecdotes.

L'empereur de Russie est de tous les souverains du monde celui dont les États ont le plus d'étendue : leur ensemble, tant en Europe qu'en Asie et en Amérique, dépasse vingt et un millions de kilomètres carrés, ce qui est un peu plus de la septième partie de la terre habitable. Certes la part est belle, et l'on conçoit difficilement qu'un prince se trouve à l'étroit dans de si vastes domaines. Sans doute la population est peu considérable relativement à l'étendue du territoire, puisqu'elle n'est en moyenne que de trois habitants par kilomètre carré, tandis qu'en France elle ne s'élève pas à moins de soixante-cinq ; mais soixante-trois millions de sujets constituent néanmoins une puissance qui semble de nature à satisfaire l'ambition monarchique la plus affamée.

Ce n'est donc ni l'espace ni la population qui manquent à l'empire de Russie pour qu'il soit le plus puissant du monde ; ce qui l'affaiblit, ce qui le rend vulnérable sur tous les points, c'est le défaut d'homogénéité des peuples qui le composent ; c'est la multiplicité des races qui, bien que réunies sous le même sceptre, diffèrent toutes les unes des autres par le type, les mœurs, les usages et la langue. Le nombre de ces races s'élève à plus de cent, qui peuvent être classées en douze races principales, savoir :

1° La race slave, qui est la plus nombreuse, puisqu'elle s'élève à plus de quarante millions d'âmes, et qui se compose des éléments les plus antipathiques : elle comprend les Polaques, les Polonais, les Petits-Russes, les Grands-Russes, les Rousniaks, les Cosaques qui se subdivisent en plusieurs peuplades, partie sédentaires, partie nomades ;

2° La race lette, qui se compose de Lettes proprement dits et de Lithuaniens.

3° La race finnoise qui comprend les Finnois, les Lapons, les Esthoniens, les Lives, les Permiens, les Syriaines, les Wogoules, les Wotiaks, les Tschérémisses, les Tschuvasches, les Mordvins, les Ostiaks et les Teptiaires.

4° La race germanique, composée d'Allemands et de Suédois.

5° La race tartare, qui comprend les Tartares de Crimée, les Tartares de Kasan, les Nogaïs, les Baschkirs, les Kirghises, les Iakoutes, les Bouckares, et plusieurs autres peuplades à demi sauvages.

6° La race caucasienne, qui est la plus belle du monde, mais aussi la moins nombreuse, et qui se divise en Arméniens, Géorgiens, Tscherkesses, Avchasiens, Lesghiens, Ossètes.

7° La race mongole, comprenant les Mongols proprement dits, les Kalmouks et les Burates.

8° La race Mandschoure.

9° La race Samoïède.

10° La race osiatisque.

11° La race indienne.

12° La race des Esquimaux.

Tels sont les éléments du peuple russe, auxquels il faut joindre environ un million de juifs disséminés sur tous les points de l'empire. Croit-on qu'il puisse y avoir sympathie entre ces peuples réunis sous le sceptre, ou plutôt *sous le fouet* d'un même maître ; maître toutpuissant, absolu, n'ayant d'autre règle de conduite que sa volonté? Non : la sympathie n'est nulle part ; l'antipathie est partout ; les Polonais, quoi qu'on puisse faire, seront, pendant des siècles encore, les ennemis les plus redoutables du czar, de même que les Grands-Russes et les Petits-Russes seront toujours prêts à s'entre-déchirer, et qu'il sera toujours impossible d'amener les peuplades nomades à une soumission complète.

C'en est assez pour qu'on puisse se faire une idée du peuple ; parlons maintenant du souverain.

Nicolas, troisième fils de Paul Ier, est né en 1796 ; c'est un homme de haute taille (près de deux mètres), aux formes quelque peu anguleuses. Voici le portrait, un peu flatté peut-être, qu'en a tracé, en 1824, un homme de beaucoup d'esprit, qui a pu, à cette époque, l'observer de très-près :

« Le grand-duc (Alexandre vivait encore alors) a reçu de la nature un des plus beaux présents qu'elle puisse faire à ceux que le sort a placés au-dessus des autres, il a la figure la plus noble que j'aie vue de ma vie. L'expression habituelle de sa physionomie a quelque chose de sévère et de misanthropique qui ne met point à l'aise. Son sourire est un sourire de complaisance, qui n'est point le résultat de la gaieté ou de l'abandon. L'habitude de les réprimer est devenue tellement inséparable de son être, que vous ne voyez en lui aucune gêne, aucun embarras, rien d'étudié ; et pourtant toutes ses paroles, comme ses mouvements, sont caden-

cés comme s'il avait devant lui un papier de musique.

« C'est une chose qui tient du prodige que toute la manière d'être de ce prince. Il parle avec vivacité, avec une simplicité et une convenance parfaites ; tout ce qu'il dit est spirituel, aucune plaisanterie banale, aucun mot plaisant ou déplacé ; il n'y a rien dans le ton de sa voix ou dans la composition de sa phrase qui indique la fierté ou la dissimulation ; et pourtant vous sentez que son cœur est fermé, et qu'on serait fou d'espérer de pénétrer dans l'intimité de sa pensée ou de posséder son entière confiance. Il a même communiqué jusqu'à un certain point à sa femme cette expression de physionomie. Elle a souvent le regard soupçonneux et scrutateur qui s'allie mal avec les traits harmonieux de sa physionomie, naturellement douce et gracieuse. Mais peut-être n'est-ce pas l'exemple du grand-duc qui aura révélé à sa femme le secret de se défier de l'espèce humaine ; c'est plutôt cette cour de Russie qui aura donné à tous les deux cet air de réserve et de méfiance ; cette triste cour où, depuis les Menschikoff et les Osterman, toute indépendance morale, toute élévation de l'âme, sont regardées avec étonnement comme des éléments hétérogènes, et où la brigue et l'intrigue sifflent sans cesse comme des serpents aux oreilles des princes. »

L'empereur Nicolas, dit un autre écrivain qui a pu, dans ces derniers temps, approcher souvent de ce prince, ne quitte jamais l'habit militaire. Tout ce qu'il se permet, lorsqu'il est seul chez lui ou dans l'intérieur de sa famille, c'est d'en ôter les lourdes épaulettes et d'en dégrafer le col. Partout ailleurs, il a dans sa tenue la même rigueur que le dernier des soldats. Cette habitude lui vient de son père Paul, qui était, comme on sait, un fanatique de la forme, et qui, pour un bouton mal mis ou une dragonne imparfaitement nouée, eût volontiers condamné le meilleur officier au knout ou au bâton.....

Tel est l'empereur Nicolas : mélange de sévérité et de tendresse, de grandeur d'âme et d'effrayante implacabilité ; un maître d'esclaves et un chef de soldats ; d'un côté, entrant dans l'orbite d'une civilisation qu'il redoute, cédant au désir d'une domination sans bornes, dont le principe posé par ses ancêtres le séduit personnellement à outrance ; de l'autre, usant ses bras à ramener dans son lit une nationalité dévoyée ; luttant contre les hommes et les choses ; tantôt fléchissant à la tempête pour se relever soudain, tantôt s'opposant comme un mur au choc des obstacles ; Européen et Asiatique, homme de la cité et de la horde, de la tente et du palais ; mêlant le canon au protocole, la prudence à l'audace, achetant les traîtres et couronnant les

Vue de Sinope.

braves, et mettant sur la même ligne les victoires glorieuses et les massacres monstrueux, comme celui de Sinope.

Nicolas étant, comme nous l'avons dit, le troisième fils de Paul Ier, ce n'était pas lui, mais bien Constantin, le second fils de Paul, qui devait naturellement succéder à Alexandre, mort sans enfants, le 11 décembre 1825; aussi, dès que cette mort fut connue, le grand-duc Constantin fut-il proclamé empereur par tous les grands corps de l'État; mais bientôt un paquet cacheté, trouvé dans les archives de l'État, vient tout changer. Ce paquet contenait une déclaration de Constantin, datée de 1822, portant que lui, grand-duc, héritier présomptif du trône, ne se croyant ni l'esprit, ni la capacité, ni la force nécessaires pour gouverner, il priait le czar, son frère, de permettre qu'il renonçât à tous les droits qu'il pourrait avoir à l'empire. A cette déclaration était jointe une lettre d'Alexandre, écrite en 1823 à Constantin, auquel il annonçait que, prenant l'intérêt de l'État, il acceptait sa renonciation volontaire et spontanée, et nommait czarévitch son autre frère le grand-duc Nicolas.

Mais le bruit ne tarda pas à se répandre que cette renonciation n'avait été faite ni volontairement ni spontanément. Constantin, disait-on, avait d'abord résisté aux sollicitations et même aux menaces de l'empereur; on lui avait fait comprendre alors tous les dangers qu'il y avait pour lui dans un désaccord de cette importance; on lui avait dit, en outre, qu'alors même qu'il échapperait à ces dangers, il ne pourrait espérer d'arriver au trône, attendu qu'il avait épousé une Polonaise, ce qui était un motif d'exhérédation, encore bien qu'Alexandre eût consenti à ce mariage; et soit qu'il reconnût le mérite de ces raisons, soit qu'il fît mentalement des réserves, Constantin avait signé cette renonciation.

Quelques bons esprits ont prétendu qu'Alexandre, dans cette circonstance, avait agi d'après des motifs louables; que, connaissant la violence du caractère de Constantin, il avait craint que ce prince, s'il arrivait au trône, ne renouvelât toutes les extravagances du règne de Paul Ier, ce qui eût infailliblement déterminé une explosion; car Alexandre n'ignorait pas le changement qui s'était opéré dans son armée depuis les deux campagnes de France. Mais on ne voit pas ce qu'il pouvait espérer en substituant Nicolas à Constantin. Nicolas n'est-il pas impitoyable comme l'était Paul? A-t-il fait succéder l'ordre et la justice au pillage et aux exactions de toutes sortes, et ne raconte-t-on pas de lui des bizarreries qui ne le cèdent en rien à celles de son père?

Quoi qu'il en soit, le paquet trouvé dans les archives fut immédiatement communiqué à Nicolas. Alors se joua une de ces comédies de palais d'autant plus ridicules qu'elles ne trompent personne. Nicolas dit que les raisons qu'avait eues Constantin pour renoncer au trône pouvaient ne plus exister; qu'en conséquence, cet acte lui paraissait insuffisant, et qu'il n'acceptait point la couronne.

Pendant que Nicolas montrait ces beaux sentiments, Constantin recevait la visite de l'impératrice, sa mère, et des membres les plus influents du sénat, qui, tous ensemble, lui déclaraient qu'une révolution terrible était imminente, et qu'elle éclaterait infailliblement s'il ne renouvelait sa renonciation au trône. Comme cela ne paraissait pas le déterminer à faire ce qu'on exigeait, les sénateurs lui firent entendre qu'en cas de conflit, le sénat tout entier reconnaîtrait les droits de Nicolas. Ce fut alors seulement que le grand-duc se résigna à renouveler l'acte qui l'éloignait du trône, et Nicolas déclara que, par amour pour la patrie et pour le bonheur des Russes, il consentait à ceindre la couronne des czars.

Cet événement produisit une grande sensation dans le pays, dans l'armée surtout, dont plusieurs régiments étaient sincèrement attachés à Constantin. Les sociétés secrètes s'agitèrent, mais partiellement, car depuis dix ans elles étaient devenues si nombreuses que l'ensemble était presque impossible. Et puis ce parti avait, comme tous les partis, ses enfants perdus, gens trop ardents, impatients d'agir, et faisant feu avant l'ordre, au risque de compromettre le succès. Déjà cette fraction mal disciplinée avait tenté d'assassiner Alexandre à Bobrouisk; un peu plus tard, elle avait voulu le frapper à Taganrog, où il devait mourir bientôt sans le secours du poignard. Enfin, ces impatients avaient agi avec si peu de circonspection, que, trois mois avant la mort d'Alexandre, le général Diébitsch avait pu saisir plusieurs fils du complot. Mais la santé du czar était alors dans un si déplorable état, que le général avait jugé convenable de ne rien dire de sa découverte, tout en se réservant pourtant de la rendre plus complète.

Telle était la situation, lorsque Nicolas monta sur le trône. Aussitôt la conjuration éclate : le régiment de Moscou, faisant partie de la jeune garde, refuse de prêter serment au nouveau czar; cet exemple est suivi par plusieurs compagnies des marins de la garde. Tous prennent les armes et marchent contre le palais où se trouve Nicolas, aux cris de : *Liberté! Vive Constantin!* Le peuple s'émeut, des groupes se forment: une foule immense se joint aux soldats.

Cependant Nicolas, informé du danger qui le menaçait, s'était empressé de faire doubler les postes, et il avait réuni autour de lui toute la partie de la garnison sur laquelle il croyait pouvoir compter. Les révoltés, repoussés d'abord, reviennent trois fois à la charge sans plus de succès. Sommés de se rendre, ils refusent, et vont se former en carré sur la place. Là se montra tout entier le caractère russe : ces hommes ont échoué, donc ils doivent mourir; ils ne comprennent point qu'il puisse y avoir pour eux d'autre alternative; mais comme ils redoutent le knout, les cachots, la Sibérie, ils attendront, l'arme au bras, que la mitraille les broie. Ils attendirent peu : plusieurs canons, amenés en toute hâte, tonnèrent bientôt; le régiment de Moscou fut presque entièrement détruit; les marins de la garde eurent le même sort; ceux que la mitraille épargna se sauvèrent au milieu de la confusion.

Tout n'était pas fini : le lieutenant-colonel du régiment de Tchernigow, alors en garnison à Wasilkow, apprend que son nom a été prononcé dans l'échauffourée de Saint-Pétersbourg. Son parti est pris sur-le-champ; il réunit les compagnies sur lesquelles il croit pouvoir compter, et il appelle aux armes les populations et les forces militaires des environs. Les princes Odoierskoi et Obolinskoi se joignent à lui, ainsi que quatre frères de la famille des Bétuscheff. Mais bientôt on se compte, et le découragement se fait sentir : les troupes se débandent, et plus de quinze cents des conspirateurs sont arrêtés.

Nicolas fit grâce à quelques-uns des prisonniers les plus compromis, espérant par cet acte de clémence écarter le voile funèbre qui s'étendait sur le commencement de son règne. Que devinrent les autres? Un voyageur qui se trouvait alors à Saint-Pétersbourg va nous l'apprendre :

« Un jour, à trois heures du matin, la garde impériale reçut l'ordre de se rendre sur l'esplanade qui s'étend devant ses murs. Un bûcher y était allumé, et autour de ce bûcher se dressaient cinq potences. La garde impériale se rangea.

« Bientôt on vit s'avancer, à pas lents et dans un sombre silence, une troupe de condamnés escortés de prêtres, de juges et de bourreaux; parmi ces condamnés, les uns portaient l'uniforme d'officiers, les autres, et ceux-là étaient au nombre de cinq, portaient sur le corps une longue chemise noire, sur la tête un capuchon noir.

« Un roulement de tambours se fit entendre, puis, au milieu de l'effroi universel, un juge, élevant la voix, lut la sentence fatale; puis les tambours roulèrent sans interruption, mêlés au bruit aigu des fifres et à l'éclat des trompettes, et l'exécution commença.

« Ceux des condamnés qui portaient l'uniforme furent dépouillés de leur épée, qu'on brisa sur leur tête ; de leurs épaulettes, de leurs décorations, de tous leurs insignes, qu'on jeta dans le bûcher; enfin, de leur uniforme, qu'on remplaça par une casaque de galérien.

« Quelques minutes après, les cinq potences montraient à la foule terrifiée leurs victimes expirantes sous la pression des bourreaux. Et les tambours cessèrent leurs roulements, et les fifres et les trompettes se turent [1]. »

En même temps plusieurs centaines de ces malheureux étaient étranglés dans les cachots; le reste fut envoyé en Sibérie.

Bien que, ainsi que nous l'avons vu, le peuple russe soit composé des éléments les plus divers, on ne saurait nier que Nicolas exerce un grand prestige sur ses sujets; leur respect pour le czar, qu'ils appellent leur père, va jusqu'à l'adoration, et il n'est pas rare de voir les paysans des diverses provinces brûler de petits cierges devant l'image sacrée de l'autocrate; se signer en prononçant son nom. Il faut avouer aussi que, malgré ses travers, les bizarreries de son esprit, son intolérable despotisme, sa duplicité et son ambition sans bornes, Nicolas possède quelques grandes qualités : travailleur infatigable, il est chaque jour debout avant l'aurore, et il n'est pas une affaire, même de second ordre, dont il ne prenne connaissance et sur laquelle il ne donne des ordres. Sa sobriété est exemplaire ; les mets les plus simples sont ceux qu'il préfère à tous ; il ne boit que fort peu de vin, et couche sur un simple matelas de crin. Sa force physique est en harmonie avec sa haute stature, et il a plusieurs fois fait preuve d'un grand courage, bien que, à l'approche du danger, la contraction des muscles de son visage décèle une certaine émotion.

Nicolas ne manque pas d'instruction; il affecte beaucoup de sympathie pour la littérature et les arts, et à l'exemple de Catherine II, son aïeule, il ne recule devant aucun sacrifice d'argent pour attirer dans ses États les savants et les artistes étrangers. Malgré l'importance et la multiplicité de ses travaux, il lit chaque jour les principaux journaux de l'Europe, et particulièrement ceux de France, à l'opinion desquels il attache une grande importance, bien qu'il affecte de montrer peu d'estime pour l'esprit et le caractère des Français, dont l'humeur légère et railleuse lui est antipathique : la plus innocente plaisanterie, le plus léger sarcasme lancé contre lui dans ces feuilles lui causent plus de vives douleurs que l'insuccès des plus graves affaires, ce qui n'empêche pas qu'il prête constamment le flanc aux plaisanteries les plus acérées par une foule de prétentions, de formules ridicules, surannées, grotesques, dont on peut se faire une idée par le titre complet que prend ce puissant souverain dans les actes officiels; le voici tout entier :

Nicolas, par la grâce de Dieu, empereur et autocrate de toutes les Russies, de Moscou, Kieff, Wladimir et Nowgorod; czar de Kasan, czar d'Astrakan, czar de Pologne, czar de Sibérie, czar de la Chersonèse Taurique; seigneur de Pskoff et grand prince de Smolensk, de Lithuanie, de Valachie, de Podolie et de Finlande ; prince d'Esthonie, de Livonie, de Courlande et de Semgalie, de Samogitie, de Bialystok, de Karélie, de Tver, de Jongrie, de Perm, de Viatka, de Bulgarie et de plusieurs autres pays; seigneur et grand prince du territoire de Nowgorod inférieur, de Tschernigow, de Riazan, de Polotsk, de Rostof, de Jaroslaf, de Bielozero, d'Oudorie, d'Obdorie, de Kordinie, de Witebsk, de Mtislaf, et dominateur de toute la région hyperboréenne; seigneur du pays d'Ibérie, de Kartalinie, de Grousinie, de Kabardinie et d'Arménie; seigneur héréditaire et suzerain des princes tscherkesses, de ceux des montagnes, et d'autres encore; héritier de la Norvége; duc de Schleswig-Holstein, de Stormarn, de Ditmarsen et d'Oldenbourg, etc., etc. »

Malgré tout ce fatras de titres, l'empereur affecte une grande simplicité de manières : il sort souvent seul, à pied, comme le plus simple bourgeois de sa capitale. Aux passants qui le reconnaissent et le saluent, il rend le salut; bien qu'il soit sévèrement défendu de l'aborder et de lui parler dans la rue, il lui arrive souvent d'être coudoyé par des gens qui ne le reconnaissent pas, et de s'arrêter pour recevoir des placets. Sa fille, la grande-duchesse Marie, lui faisant un jour observer

---

1. La Russie contemporaine.

qu'en s'arrêtant ainsi pour écouter des plaintes ou des prières, il exposait les personnes qui osaient les lui adresser à être emprisonnées :

— Tant pis pour elles, répondit-il ; les gens de la police font leur métier, et je fais le mien.

Mais le czar ne se contente pas de se laisser aborder contrairement aux ordonnances, il lui arrive souvent d'adresser la parole aux gens de sa connaissance qu'il rencontre. S'il se trouve près de là quelque agent de police, il se garde bien d'aller interrompre la conversation entamée par l'empereur ; mais dès qu'elle est terminée, et que les causeurs se sont séparés, l'interlocuteur de Sa Majesté est aussitôt saisi au collet, mis sous les verrous, et il paie par un emprisonnement plus ou moins long l'honneur d'avoir échangé quelques paroles avec l'autocrate.

Nicolas se montre très-familier surtout avec les artistes étrangers ; il se rend souvent au théâtre français de Saint-Pétersbourg, et, pendant les entr'actes, il ne manque presque jamais de descendre dans les coulisses, et d'adresser quelques paroles flatteuses aux principaux acteurs, et particulièrement aux actrices. Est-ce à cause de leur mérite ou par affection ? Il est permis d'en douter, et l'on peut, non sans apparence de raison, attribuer cette affabilité à l'esprit frondeur des comédiens français, esprit que le czar connaît et redoute. A ceux qu'il fête à Saint-Pétersbourg il tournerait le dos partout ailleurs. Ce fut ce qui arriva à la célèbre danseuse Fanny Essler. Il n'est pas d'artiste qui ait été traité plus gracieusement par Nicolas dans sa capitale : louanges et présents lui furent prodigués, et plus d'une fois le czar descendit dans les coulisses pour lui offrir un bouquet, alors que les grands seigneurs se contentaient de jeter les leurs sur la scène. Plus tard, en 1845, Nicolas et Fanny arrivèrent presque en même temps à Rome. Un jour, que l'autocrate visitait une galerie de tableaux, l'artiste, qui l'avait devancé, se tint sur son passage dans l'espoir d'en être reconnue ; elle le fut en effet. Mais Nicolas passa devant elle sans avoir l'air de la voir, et lorsque, quelques pas plus loin, un de ses aides de camp lui dit que la célèbre artiste demandait à lui être présentée :

— Qu'est-ce à dire ? répondit-il brusquement ; croit-on que l'empereur de Russie soit venu à Rome pour s'y faire présenter des danseuses ? Ce serait un beau texte à broder pour les journaux français !

L'homme et le souverain se révèlent à la fois dans ces paroles.

II

La religion en Russie. — Le clergé noir et le clergé blanc. — Ignorance des prêtres. — Désordres scandaleux. — Dévotion du peuple. — Superstitions.

L'empereur de Russie n'est pas seulement le souverain de son empire, il est encore le chef de la religion dominante ; c'est-à-dire chef de ce qu'on appelle en Russie l'Église orthodoxe, et qui n'est en réalité qu'un schisme de l'Église grecque.

Jusqu'à la fin du xe siècle, les habitants des divers États russes n'eurent d'autre religion que le paganisme le plus grossier ; ce fut seulement en 998 que Wladimir 1er, surnommé *l'Égal des apôtres*, s'étant fait catholique, et ayant reconnu l'autorité du patriarche de Constantinople, vit son exemple suivi par la presque totalité de ses sujets.

Il n'y avait alors qu'une Église chrétienne dont le siége était à Rome, et qui avait pour chef suprême le pape. Cinquante-cinq ans plus tard, le schisme s'étant accompli, les chrétiens russes demeurèrent soumis à l'Église grecque, et conséquemment au patriarche de Constantinople qui en était devenu le chef. Ce ne fut que près de cinq cents ans après (1580), que l'Église russe, dite orthodoxe, prit naissance, et cela dans les circonstances les moins édifiantes : le patriarche de Constantinople était alors Photius, homme ardent, emporté, plein d'audace, et habile à remuer les masses en exaltant leurs passions. Chassé de son siége à cause de sa conduite scandaleuse, Photius se réfugia en Russie ; mais loin d'abdiquer son titre, il s'en autorisa pour créer un métropolitain qu'il affranchit du patriarcat de Constantinople, et qui prit bientôt lui-même le titre de patriarche de Russie.

En 1652, un évêque russe, nommé Nicon, ayant été élevé au patriarcat, entreprit, pour se donner quelque relief, de purger les livres saints des altérations qu'ils avaient subies, en même temps qu'il apportait quelques modifications au rituel. Il se forma alors dans l'Église russo-grecque elle-même un nouveau schisme qui subsiste encore aujourd'hui. Ceux qui rejettent les réformes de Nicon sont flétris du nom de *Raskolniki ;* ils s'appellent entre eux *Anciens croyants*. Ce sont en quelque sorte les quakers de la Russie. Ils mettent la suprême perfection à faire le signe de la croix avec deux doigts seulement, pour marquer que, selon leur croyance, le Fils ne procède que du Père ; à ne se servir que des versions antérieures à la réforme, à ne révérer que les vieilles images, et d'au-

Un convoi de blessés turcs.

tres particularités d'une misérable subtilité. Leur pré-
dilection pour les anciennes formes ne se borne pas
aux matières religieuses; elle embrasse les mœurs, les
usages, les vêtements. Ils sont stationnaires en toutes
choses : ils semblent croire que rien ne peut changer
sans se corrompre, et ils se font gloire de l'imperfec-
tibilité. Leur nombre, d'abord immense, a bien dimi-
nué dans la suite; mais il est encore considérable.
Quelques historiens affirment que le czar Alexis Mikai-
tof, sous le règne duquel cette secte prit naissance,
faisait couper les mains à ceux qui ne voulaient pas
faire le signe de la croix avec tous les doigts; Pierre Ier
les forçait à porter sur le dos de leurs vêtements un
large morceau d'étoffe jaune, et encore aujourd'hui ils
ne jouissent pas de l'exercice public de leur culte, et
ils souffrent de plusieurs autres interdictions. Ils se
perpétuent néanmoins, surtout parmi les marchands,
et, il leur faut rendre cette justice, ils se distinguent
par une probité rare parmi les Russes.

Mais Pierre Ier ne se borna pas à favoriser les réformes du patriarche Nicon : trois ans après son avénement (1696), il réforma le patriarcat lui-même, qu'il
remplaça par un synode dont il se fit le chef suprême,
ne voulant pas, dit-il dans l'exposé des motifs de cette
nouvelle institution, que l'homme du peuple, en voyant
les honneurs dont on entoure le pasteur suprême, fût
entraîné par l'admiration à croire que le chef de
l'Église est un autre souverain, dont la dignité est
égale ou même supérieure à celle du monarque. Les
choses sont encore dans cet état aujourd'hui : c'est
l'empereur qui nomme les membres du synode, toujours choisis parmi les archevêques et évêques; ces
membres ont pour directeur ou procureur un aide de
camp du czar, et leurs décisions ne sont exécutoires

que lorsqu'elles ont été revêtues de la sanction impériale.

Le clergé russe se divise en deux grands corps bien distincts : le clergé noir et le clergé blanc. Le clergé noir est celui qui vit dans les couvents, et qui, à défaut d'autres qualités, se recommande par l'austérité de ses mœurs; ce sont de véritables moines qui se divisent en deux classes : les prêtres et les frères lais ou servants. Une robe noire, un chapeau noir et un voile de même couleur qui leur couvre presque constamment le visage, tel est leur costume; leur barbe et leurs cheveux sont incultes; ils ne vivent que de légumes, de poissons, de beurre et d'œufs, et les jours de pénitence ils ne mangent que des légumes sans aucune espèce d'assaisonnement. Leurs vœux sont perpétuels; mais ils ne peuvent les prononcer qu'à l'âge de trente ans. Leur saleté dépasse tout ce qu'on pourrait imaginer, et leur pauvreté est telle qu'ils ne vivent presque exclusivement que d'aumônes. Par une sorte de compensation, c'est presque toujours parmi eux que sont choisis les métropolitains, les évêques et archevêques.

Les couvents, si pauvres aujourd'hui, étaient presque tous fort riches autrefois; ils doivent leur pauvreté à la philosophe Catherine II qui, à l'exemple de nos utopistes de 1789, les dépouilla de leurs biens, en compensation desquels elle accorda un traitement dérisoire à quelques-uns, et à tous le droit de mendier ou de mourir de faim.

Comment, dans de pareilles conditions, le clergé noir, ou les moines orthodoxes, parviennent-ils à se recruter? C'est que, indépendamment de la considération dont ils sont l'objet, ils jouissent de priviléges immenses relativement au pays dans lequel ils vivent; ainsi, les membres du clergé noir sont exempts du service militaire; il ne peut jamais leur être infligé de punition corporelle (knout ou battogues) et ils peuvent toujours être assistés en justice de plusieurs membres de leur ordre.

Quelques monastères ont cependant conservé leur ancienne splendeur; tel est celui de Troïtza, près de Moscou, dont l'auteur des *Lettres sur la Russie* a tracé le tableau que voici :

« Nous nous joignîmes à la multitude qui se dirigeait vers la porte du couvent, et, pour la première fois, je mesurai du regard, non sans surprise, l'immense espace renfermé dans les remparts du monastère. Il y a neuf églises et une chapelle, trois corps de logis, un palais occupé par l'Académie de théologie, et un autre édifice habité en partie par l'archimandrite. Toutes les églises étaient ouvertes, tous les autels éclairés par des lampes d'argent et des cierges, et les reliques étaient exposées à la vénération des fidèles. Dans la cathédrale, l'archevêque lui-même officiait, l'encens fumait, les moines chantaient; les parois d'or et d'argent de l'iconostate, les couronnes de diamants des images des saints étincelaient à la lueur de cent bougies. L'archevêque, la mitre en tête, s'avança entre deux prêtres revêtus comme lui de chapes éblouissantes, et traversa la nef, portant à chaque main un candélabre d'or qu'il tournait de côté et d'autre pour bénir le peuple. Les moines étaient rangés dans des stalles à droite et à gauche du sanctuaire, et chantaient en chœur le *Gospodi pomilui* (*Kyrie eleison*). Il me sembla que, pour des hommes qui ont fait vœu d'abstinence, et qui tous les jours répètent les prières les plus humbles, ils avaient la figure bien riante et le regard bien assuré. Tous portent une longue barbe arrangée avec soin; leur chevelure, partagée sur le front en deux bandeaux, tombe en grosses boucles sur les épaules : on dirait qu'elle sort des mains du coiffeur. Une longue robe noire leur descend jusque sur les talons; quelques-uns la font faire en étoffe de laine, d'autres en velours. Avec ce vêtement féminin, ces cheveux si artistement bouclés, beaucoup de petits novices, qui n'ont point encore de barbe au menton, ressemblent parfaitement à des jeunes filles. Ceux qui ont la physionomie plus mâle ne sont guère plus imposants. Tous ces moines paraissaient, en général, fort peu édifiés eux-mêmes de la cérémonie religieuse à laquelle ils prenaient part, et ils chantaient avec distraction, comme des gens qui accomplissent un tâche journalière plutôt qu'un acte de piété.

« Cependant l'archevêque redescendit le long de la nef sur un tapis de pourpre, puis remonta à l'autel. La foule s'écarta à son approche, se resserra dès qu'il fut éloigné, se pressa et s'étendit dans le chœur, faisant des signes de croix, murmurant à voix basse d'inintelligibles prières, se jetant la face contre terre. Selon la loi de l'Évangile, tous les rangs sont ici confondus. Le grand seigneur, avec ses plaques de diamants, est debout au milieu des paysannes; la femme du monde se voit entourée de mougiks. Il n'y a de siéges que pour le prélat et les prêtres. Ce mélange produit un désordre qu'on ne remarque pas dans nos églises catholiques; c'est à qui s'approchera le plus près de l'autel des reliques, et le plus fort ou le plus hardi est le plus heureux. Le bras robuste de l'ouvrier écarte les petites mains délicates qui essaient de lui fermer le passage. Le pauvre en haillons franchit intrépidement tous les obstacles pour jouir des magnificences de l'église. On se heurte, on se coudoie, on se précipite vers l'autel avec une ardeur sauvage : c'est une effervescence de piété déréglée, un tumulte qui ressemble à celui d'un spectacle populaire.

« La messe terminée, une partie de cette assemblée orageuse se retira, comme fatiguée de la lutte ; mais des centaines de gens étaient encore là qui attendaient l'archevêque au sortir du sanctuaire pour lui baiser les mains et se prosterner devant lui. Pour moi, je m'éloignai en silence, comparant cet office de la religion grecque à ceux de notre religion, à ces messes d'une pauvre église de village, célébrées avec tant de simplicité et de recueillement devant une communauté qui suit en silence les mouvements du prêtre, qui se lève à l'Évangile comme pour attester hautement sa foi, et tombe à genoux, la tête penchée vers la terre, les mains jointes sur la poitrine, au son d'une clochette qu'une main d'enfant agite sur les marches de l'autel.

« L'heure du dîner venait de sonner. Nous entrâmes dans le réfectoire où tous les moines étaient assis sur deux lignes parallèles. On leur servit une soupe de gruau, du poisson, des légumes et des cruchons de *krass*. Il me parut que c'était un repas assez confortable ; seulement les convives étaient d'une saleté repoussante. Dans une chambre voisine, on servait un dîner à peu près pareil à une douzaine de religieuses qui étaient venues là en pèlerinage ; et, sous une longue voûte sombre et humide, plusieurs pauvres se partageaient les chaudières de soupe et les morceaux de pain noir que la charité du couvent leur distribue chaque jour.

« La demeure des moines est spacieuse et élégante. Le mot *cellule* est trop modeste pour en donner une juste idée. Chacun d'eux a pour lui seul une chambre à coucher, un cabinet qui lui sert d'oratoire et un salon de réception. J'ai trouvé là des tapis étendus sur le parquet, des canapés, des gravures assez mondaines et des livres ; mais ces livres ne donnent pas, à vrai dire, une haute idée de l'instruction des religieux. Plusieurs pauvres prêtres d'Islande ont dans leur misérable cabane des ouvrages français, allemands, danois. Dans le salon si paré et si coquet des moines de Troïtza, je n'ai vu que des ouvrages russes, des recueils de sermons, des traités de théologie et quelques dissertations d'histoire. »

Ce tableau est d'une exactitude irréprochable ; mais il ne faut pas perdre de vue que toutes ces splendeurs du monastère de Troïtza ne sont qu'une exception ; il n'y a, dans tout l'empire de Russie, que trois ou quatre couvents qui, pour la richesse, approchent de celui-là, et il n'en est pas un qui l'égale.

La hiérarchie du clergé blanc est la même que celle du clergé noir, savoir : métropolitains, archevêques, évêques, protopopes, popes, diacres et sous-diacres. De même que les membres du clergé noir, ceux du clergé blanc sont exemptés du service militaire, des battogues et du knout, et ils ne paient point d'impôt personnel ; mais là s'arrête la similitude des deux clergés. Les protopopes et les popes blancs, contrairement à la claustratrion de leurs confrères noirs, jouissent d'une grande liberté ; ce sont eux qui desservent les paroisses, qui remplissent les fonctions d'aumôniers dans les armées de terre et de mer, et qui sont chargés de relever le courage des blessés, mission morale dans l'accomplissement de laquelle ils sont bien inférieurs aux Turcs, dont la sollicitude pour leurs blessés est digne d'admiration.

Nul ne peut être ordonné prêtre s'il n'est marié, et le prêtre qui perd sa femme, perd en même temps son caractère sacré ; qu'il reste veuf ou qu'il se remarie, il retombe dans la condition civile, et ne conserve aucun des priviléges du prêtre. Il peut à la vérité se faire moine ; mais dès lors il n'est plus pour lui de liberté, et le reste de sa vie n'est qu'une longue pénitence.

Cela a pourtant son bon côté, à savoir que le prêtre n'a nécessairement que de bons procédés pour sa compagne, de la vie et de la mort de laquelle dépend tout son bien-être, et c'est là une considération matérielle des plus importantes, relativement à la moralité des popes en général ; aussi dit-on dans le peuple, d'une femme bien traitée par son mari, qu'elle est *heureuse comme une popesse*.

En général, les popes sont d'une ignorance crasse. Tout le monde est d'accord sur ce point, dit un écrivain moderne, que les curés de paroisses, en Russie, qui devraient être les membres les plus utiles du corps social, sont ordinairement le véritable rebut du peuple. Un historien russe, M. Tourghénief, dont le témoignage ne saurait être suspect, s'exprime ainsi sur le même sujet : « Le clergé, en général, est loin de répondre, en Russie, à l'importance de sa mission. Celui qui est en contact journalier et permanent avec les masses populaires, se trouve dans un tel état d'infériorité et d'insignifiance qu'il peut à peine suffire à la partie matérielle de ses fonctions. Sa position ne lui permet pas de jamais acquérir la moindre influence morale sur ses ouailles, et encore moins de diriger leur conscience. » Enfin un voyageur [1] raconte à ce sujet l'anecdote suivante :

« Étant à Nowgorod, dans le temps de notre seconde ambassade, j'y vis un prêtre sortir du cabaret, lequel en approchant de notre logis, voulut donner la béné-

____

1. Voyage d'Olarius.

diction aux strélitz qui étaient en garde à la porte. Mais en levant la main et faisant l'inclinaison, la tête, qui était chargée des fumées du vin, se trouva si pesante, qu'elle emporta le reste du corps, et fit tomber le pauvre prêtre dans la boue. Nos strélitz le relevèrent avec respect, et ne laissèrent pas de recevoir cette bénédiction crottée, comme une chose qui est fort ordinaire parmi eux. » Enfin la preuve la plus convaincante de la dégradation du clergé russe, c'est que, de 1836 à 1839, il y eut quinze mille quatre cent quarante-trois ecclésiastiques condamnés judiciairement et dégradés pour crimes infamants.

Cela vient très-probablement en grande partie de la misère à laquelle sont condamnés ces pauvres prêtres dont le traitement est de beaucoup insuffisant à la satisfaction des besoins les plus impérieux ; sans cesse affamés, ils s'asseyent volontiers à toutes les tables, et compensent autant que possible les privations par les excès, ce qui a donné lieu en Russie à ce proverbe populaire : *Croyez-vous que je sois un pope, pour dîner deux fois ?*

On comprend aisément que les Russes n'aient pas une grande vénération pour de tels pasteurs ; mais en revanche ce peuple est sans contredit le plus superstitieux du monde. « On ne saurait, dit à ce sujet M. de Custines, se faire une idée de la vénération des Russes pour les images, c'est-à-dire pour les portraits ornementés de la Vierge et des saints, car ils regarderaient comme un acte d'idolâtrie de se prosterner devant des figures sculptées ou des bas-reliefs. Il n'est pas de boutique, de maison, de chambre où une de ces images ne soit accrochée dans un coin, avec une petite lampe suspendue à une chaîne, et dans laquelle, dimanches et fêtes, brûle constamment une mèche allumée. Le marchand se tourne en se signant vers cet objet, sur lequel il jure qu'il perd de l'argent, en vendant sa marchandise, lorsqu'il y gagne en réalité cent pour cent ; mais il promet mentalement au saint de dépenser en son honneur, en cierges et en huile, une partie de son gain, et s'imagine qu'il a rendu par cette subtilité son patron complice de sa fourbe. La première chose qu'il cherche en entrant dans une maison, c'est une image ; il ne s'adresse, il ne parle à personne jusqu'à ce qu'il l'ait trouvée et qu'il ait fait devant elle le signe de la croix. Même dans les places et les marchés publics, ces peintures, richement enchâssées d'argent et éclairées de cierges et de lampes, sont là pour édifier la piété des acheteurs et des vendeurs, et pour attirer de la part du passant le signe de la croix, avec une pièce de cinq copeks (quatre sous).

« Aux yeux du Russe, l'image de son saint a autant et plus de valeur que n'en avaient les dieux pénates pour les Romains. Lorsqu'en 1610, La Gardie occupa Nowgorod avec son armée, les Suédois s'étant aperçus que les habitants avaient caché tous leurs objets précieux, imaginèrent d'enlever les images des maisons où ils avaient pris leurs quartiers. Ce plan leur réussit ; à leur départ, les habitants les poursuivirent de leurs lamentations, et payèrent des sommes exorbitantes pour racheter leurs pénates.

« On rapporte aussi qu'en 1643 le czar et toute la cour furent frappés de consternation, parce que la figure de son saint rougissait d'une manière alarmante. Le patriarche en fut lui-même saisi d'étonnement. Le peintre qui avait fait l'image ayant été appelé, rassura heureusement les esprits en déclarant que la dernière couche de couleur ayant été enlevée à force de baisers, la couche de rouge sur laquelle elle avait été superposée commençait à reparaître.

« Il y a des marchands à demeure fixe et des marchands ambulants qui tiennent de ces images ; ils ne les vendent pas, car ce serait une impiété de trafiquer de pareils articles ; mais ils échangent les vieux contre des nouveaux, comme le magicien de l'histoire d'Aladin, n'acceptant en argent que la différence, qui est toujours la valeur entière de l'objet échangé. Lorsqu'une image très-vieille se trouve dans un état complet de détérioration, le Russe, n'osant ni la brûler ni la détruire, en use comme la mère de Moïse à l'égard de son enfant : il la met sur une planche et la livre au courant d'une rivière, sur les flots de laquelle il pense bien qu'elle saura se préserver elle-même. »

Telle est la religion professée en Russie par les trois quarts de la population, c'est-à-dire par un peu plus de quarante-cinq millions d'âmes ; c'est là l'Église orthodoxe des droits de laquelle le czar se montre si jaloux, et pour la suprématie de laquelle il met l'Europe en feu et se dispose à ajouter des flots de sang à celui qui a déjà coulé.

III

Noblesse, serfs et bourgeois russes. — Mœurs. — Les battogues et le knout. — Bourgeois et commerçants.

Les habitants de la Russie se divisent ainsi : soixante-quinze mille familles nobles environ ; quarante-cinq mille industriels libres, artistes, fabricants, marchands, employés ; tout le reste se compose de serfs, dont la condition est dix fois plus misérable que ne l'était naguère celle des esclaves noirs dans les colonies d'Amérique.

Toutefois la servitude de la glèbe, dit un historien, n'est pas aussi ancienne en Russie qu'on se l'imagine généralement ; elle y fut établie à une époque où, dans les pays les plus avancés de l'Europe, on commençait déjà à en préparer l'abolition. En Russie autrefois, et depuis un temps immémorial, les paysans jouissaient de la liberté civile, mais sans propriété transmissible ; de cette liberté du moins de passer, au bout d'un délai légalement déterminé, d'un endroit à l'autre, d'un propriétaire à un autre, à charge de cultiver la terre, partie pour le seigneur et partie pour eux-mêmes, ou de payer la redevance traditionnelle. Il est vrai que déjà la loi réglait les rapports entre les maîtres et les serfs, mais c'était là un genre d'esclavage à part, et qui ne s'étendait pas à la masse de la population rurale.

Il y avait cependant une distinction à faire : les paysans étaient de deux classes : les uns serfs, les autres libres.

Les serfs étaient la classe la moins nombreuse. Ils étaient ou serfs absolus et héréditaires, ou serfs par convention écrite. Les uns et les autres étaient, eux et leur famille, la propriété du seigneur ; seulement les serfs par convention écrite, recouvraient leur liberté à la mort du seigneur.

Le simple paysan était libre, mais sans propriété. Son existence était misérable et souvent sa position bien inférieure à celle de serf, entretenu aux frais de son maître, quand il était hors d'état de pourvoir lui-même à ses besoins. Aussi ce paysan libre se voyait-il fréquemment réduit à aliéner sa liberté pour assurer pareillement son sort : il faisait alors avec quelque seigneur terrien, soit pour lui seul, soit aussi pour ses enfants, un arrangement semblable à celui qui liait le serf, et dont la durée était fixée d'avance. Au bout de ce temps, il redevenait maître de sa personne, pouvait changer de village et passer d'un établissement à un autre.

Des lois promulguées vers la fin du xvi⁰ siècle annulèrent ce droit : les paysans engagés par contrat furent déclarés propriété perpétuelle de leurs seigneurs ; il leur fut enjoint de rester pour toujours dans les lieux à propos desquels ils avaient été inscrits dans les registres de recensement, et un ukase défendit à ceux qui s'étaient loués à temps de se racheter en payant la somme stipulée comme prix de louage. Bien plus, les paysans qui avaient disposé de leur personne par contrat n'étaient pas seuls atteints par ces lois iniques : elles s'étendirent même aux hommes libres qui, sans avoir signé d'engagement, se trouvaient au service des seigneurs terriens. Quand ils y étaient depuis plus de six mois, on les obligeait à y rester pour toujours, et quand leur temps de service était moins long, tout ce qu'ils y gagnaient, c'était de pouvoir choisir entre leur seigneur et un autre, mais toujours en renonçant au droit d'être leurs propres maîtres.

Cette mesure produisit une irritation extrême parmi les paysans : en divers lieux, ils protestèrent par la fuite contre la tyrannie du pouvoir à leur égard ; mais la misère ne tarda pas à ramener la plupart dans leurs foyers [1].

Tout cela existe encore aujourd'hui : le serf russe dépend entièrement de son seigneur, qui peut, à son gré, le vendre ou l'échanger, le faire mourir sous le knout ou les battogues. Cette autorité despotique est pourtant soumise à des lois et règlements ; mais ces lois sont partout faciles à éluder. A qui le serf ferait-il entendre ses plaintes ? Le seigneur n'a-t-il pas toujours le moyen de s'assurer les faveurs de la justice vénale de ce pays ? Aussi le Russe opprimé a-t-il coutume de dire que, pour que ses plaintes soient entendues, Dieu est trop haut et le czar trop loin.

Ordinairement le seigneur d'un village partage ses terres en autant de parts qu'il possède de travailleurs, plus quelques parts supplémentaires destinées aux jeunes paysans qui, arrivant à l'âge de dix-huit ans, ont droit de prendre femme et d'être comptés au nombre des travailleurs. Chaque part doit suffire à nourrir le paysan qui la reçoit et toute sa famille, quelque nombreuse qu'elle soit ; il doit en outre payer une redevance au seigneur. Cette redevance, appelée *obrok*, se paie en travail ou en argent ; d'après la loi, elle est de trois jours de travail par semaine, ou de soixante à quatre-vingts roubles par an ; mais il y a des seigneurs qui exigent jusqu'à cinq jours de travail sur sept, et qui font payer l'obrok en argent jusqu'à cinq cents roubles.

Les serfs ou mougiks doivent, en outre, treize jours de travail chaque année au temps de la moisson ; mais il n'est pas rare qu'on exige d'eux trois semaines ou un mois, sans leur tenir compte de ce surcroît de travail, comme on devrait le faire d'après la loi.

Le résultat de ce régime est, pour les serfs, une misère horrible et une abjection morale dont rien ne saurait donner l'idée. Menacés sans cesse du knout ou du bâton, ils en sont venus à regarder cet horrible châtiment comme chose indispensable ; et ils ont coutume de dire qu'un homme battu en vaut deux qui ne l'ont pas été, et qu'il n'y a que les seigneurs paresseux qui ne battent pas leurs serfs.

Encore si l'on se bornait à les battre ou à les faire

----

1. Schnitzler. *Histoire intime de la Russie.*

battre ! Mais le seigneur peut en outre, à son gré, abuser de l'honneur des femmes et des filles ; il peut, si cela lui plaît, arracher l'époux à l'épouse, l'enfant à sa mère ; il peut les vendre, les échanger, les transporter d'une terre dans une autre, les dépouiller de tout ce qu'ils ont gagné à la sueur de leur front, et les envoyer mourir dans les glaces de la Sibérie.

Mais déjà, à plusieurs reprises, nous avons parlé de knout et de battogues, sans dire ce que c'est que ces supplices ; nous ne saurions les mieux faire connaître qu'en citant les fragments suivants d'un ouvrage justement estimé :

« Figurez-vous un homme robuste, plein de vie et de santé. Cet homme est condamné à cinquante, à cent coups de knout. Il est amené à moitié nu à l'endroit désigné pour ce genre d'exécution ; un simple caleçon de toile lui couvre l'extrémité inférieure du corps. Il a les mains attachées plat sur plat ; les cordes lui brisent les poignets, n'importe ! Il est couché à plat ventre sur un chevalet incliné diagonalement, et aux extrémités duquel sont fixés des anneaux de fer. Par un bout, les mains y sont fixées, et par l'autre les pieds. Puis le patient est tendu de manière qu'il ne puisse faire aucun mouvement, ainsi qu'on tend une peau d'anguille pour la faire sécher. Cette tension fait craquer les os et les disjoint, n'importe ! Tout à l'heure les os vont autrement craquer et se disloquer.

« A vingt-cinq pas de là est un autre homme : c'est l'exécuteur des hautes-œuvres. Il est vêtu d'un pantalon de velours noir entonné dans ses bottes, et d'une chemise de coton de couleur boutonnée sur le côté. Il a les manches retroussées, de manière que rien ne gêne ni n'embarrasse ses mouvements. Il tient à deux mains l'instrument du supplice, un knout. Ce knout est une lanière de cuir épais, taillée triangulairement et longue de trois à quatre mètres, large d'un pouce, s'amincissant par une extrémité, et terminée carrément par l'autre ; le petit bout est fixé à un petit manche de bois d'environ deux pieds.

« Le signal est donné : on ne prend jamais la peine de lire la sentence. L'exécuteur fait quelques pas, le corps courbé, traînant cette longue lanière à deux mains entre les jambes ; arrivé à trois ou quatre pas du patient, il relève vigoureusement le knout vers le sommet de la tête en le rabattant aussitôt avec rapidité vers ses genoux : la lanière voltige dans l'air, siffle, s'abat et enlace le corps du patient comme d'un cercle de fer. Malgré son état de tension, le patient bondit comme sous les étreintes puissantes du galvanisme. L'exécuteur retourne sur ses pas et recommence la même manœuvre autant de fois qu'il y a de coups à appliquer au condamné. Quand la lanière enveloppe le corps par ses angles, la chair et les muscles sont littéralement tranchés en rondelles comme avec un rasoir ; mais si elle tombe sur le plat de deux angles, alors les os craquent : la chair n'est pas hachée, mais elle est broyée, écrasée, le sang jaillit de toutes parts ; le patient devient vert et bleu comme un cadavre pourri ; il est porté à l'hôpital, où tous les soins lui sont donnés, et on l'envoie ensuite en Sibérie, où il disparaît pour jamais dans les entrailles de la terre.

« Le knout est mortel, selon la volonté de la justice, du czar ou du bourreau. Si l'autocrate se propose de donner à son peuple un spectacle digne de ses yeux et de son intelligence ; si quelque puissant seigneur, quelque grande dame, veulent se passer la jouissance de ce sanglant spectacle ; s'ils veulent voir la victime l'écume à la bouche, couverte de sang, se tordre et expirer dans d'effroyables souffrances, le coup mortel sera donné le dernier. Le bourreau vend sa miséricorde et sa pitié au poids de l'or. Quand la famille du misérable veut acheter le coup mortel, alors du premier coup il donne la mort avec autant de certitude que s'il tenait une hache à la main.

« Après le knout viennent les battogues ou les verges, supplice d'un autre genre, mais encore plus barbare, puisqu'il est toujours suivi de mort au moins quatre-vingt-dix-neuf fois sur cent. Cette fois, c'est l'armée qui exécute les hautes-œuvres de la justice du pays et les sentences des autocrates. C'est l'armée qui sert de bourreau.

« Autant de coups de verge, autant de soldats. Six mille coups ne sont pas la somme la plus élevée que la loi permette d'appliquer aux criminels, mais c'est le chiffre le plus usité, et ici encore la législation s'est montrée ingénieuse. Moins de mille coups suffisent et au delà pour donner la mort ; avec six mille, la mort est six fois certaine.

« Il m'a été réservé une seule fois d'assister à ce genre d'exécution. En voici sommairement les détails :

« C'était en 1841. Le malheureux condamné était un garde forestier, d'origine suédoise, dans la force de l'âge. Il était né dans les environs de Wiborg, et par conséquent homme libre, au même titre que les Suédois, ses compatriotes. Il avait été pendant plusieurs années au service d'un prince qui l'avait renvoyé sans lui payer ses gages ; c'est assez l'habitude des boyards russes. Il avait une femme, des enfants, et il réclamait depuis plusieurs mois le paiement de ce qui lui était dû. On allait entrer dans l'hiver, et le ménage manquait de tout, de bois et de pain.

« Bien des fois, le garde était venu à pied à Saint-

Pétersbourg solliciter comme une grâce ce qu'en tout autre pays il eût pu exiger avec moins de formes de son débiteur; et chaque fois il avait dépeint à son ancien maître toutes les misères qui l'assiégeaient, lui et sa famille, toutes les souffrances qu'il endurait; il suppliait humblement. Mais un grand seigneur qui possède quinze ou vingt mille esclaves ne connaît pas ces misères-là; il n'a jamais redouté ni souffert la faim et le froid. Le Suédois est chassé à coups de rotin; le malotru, le manant, qui ose tourmenter un seigneur, troubler la sieste et la digestion de ce luxurieux! A bout de ressources, exaspéré du traitement indigne qu'il vient de subir, éperdu, il s'arme d'un pistolet et revient auprès du prince, qui le fait rosser et jeter à la porte. Sa tête s'égare; il attend le prince à sa sortie et le tue raide.

« Les formalités d'un jugement ordinaire eussent été trop longues. Un paysan tuer un seigneur! un boyard! un prince! c'était chose inouïe; cela pouvait être d'un mauvais exemple pour le peuple. En tout pays, d'ailleurs, cela eût été un assassinat. Ce n'est pas ce que nous cherchons à excuser. Amené quelques heures après son crime, qu'il ne nia pas, devant un conseil de guerre qui se borna à constater son identité seulement, il fut condamné à six mille coups de verges; et vingt-quatre heures après, six mille hommes, rangés sur deux lignes parallèles, dans une plaine hors de la ville, attendaient, armés de baguettes de bois vert de la grosseur du petit doigt, l'heure de l'exécution.

« Le condamné fut amené sur un chariot escorté de quelques hommes; aucun prêtre ne l'avait assisté. Il était garrotté et vêtu d'un caleçon roulé et lié par une ficelle autour et au-dessous des hanches. Le reste du corps était nu et seulement vêtu d'une capote de soldat qu'on lui avait jetée sur les épaules. On le fit descendre, et on lui lia fortement les deux mains à la gueule de deux fusils de munition croisés à la hauteur des baïonnettes dont ils étaient armés. Dans cette situation, les mains s'appuyaient sur le canon, et la pointe des baïonnettes sur la poitrine du patient. Un roulement de tambour se fit entendre, tous les officiers entrèrent dans les rangs, et deux sous-officiers vinrent prendre les fusils, qu'ils tinrent constamment de la même manière qu'un soldat qui recule tenant la baïonnette en avant.

« Ici encore, admirez la barbarie, l'intelligence raffinée de ce peuple! Le patient, à un signal donné, doit s'avancer à pas lents entre la haie des soldats, qui, chacun à son tour, doivent le frapper vigoureusement sur les reins. La douleur pourrait lui suggérer l'idée de passer aussi vite que possible au milieu de cette haie de bourreaux pour éviter le nombre et la violence

des coups qui lui entament les chairs. Mais il a compté sans la justice russe : les deux sous-officiers reculent pas à pas et avec lenteur, pour donner le temps à tout le monde d'accomplir sa mission; ils retiennent ou repoussent le malheureux en lui enfonçant la pointe des baïonnettes dans la poitrine. Il faut que chaque coup porte, entame les flancs et fasse jaillir le sang. Le soldat moscovite est une machine qui ne doit avoir aucun sentiment, et malheur à ses propres épaules s'il montre de l'hésitation : séance tenante, il recevra de vingt-cinq à cent coups, au caprice du général qui a l'honneur de commander ces six mille bourreaux.

« Le gouvernement russe est scrupuleux dans les moindres détails; il tient à ce que tout se fasse et s'exécute d'ensemble. Mais avec de tels hommes on ne peut se hasarder. Alors on fait des répétitions pour exécuter un homme comme pour passer une revue : une botte de paille ou de foin, mise sur un chariot, passe quelques heures auparavant au milieu des rangs.

« Le patient s'avança jusqu'au neuf cent troisième coup de verges. Il n'avait point poussé un cri, une seule plainte; seulement, un tremblement convulsif accusait de temps en temps l'agonie. Alors, l'écume commença à sortir des lèvres et le sang à jaillir du nez. Après quatorze cents coups, la face, qui avait depuis longtemps commencé à bleuir, prit tout à coup une teinte verdâtre; les yeux devinrent hagards; ils sortaient presque des orbites, d'où découlaient de grosses larmes sanguinolentes qui lui souillaient le visage. Il était haletant, il s'affaissa.

« L'officier qui m'avait accompagné me fit ouvrir les rangs, et je m'approchai du cadavre. La peau était littéralement labourée; elle avait, pour ainsi dire, disparu; la chair était détachée, presque réduite en bouillie; des lambeaux pendaient le long des flancs comme autant de lanières; d'autres lambeaux étaient restés attachés et collés aux baguettes des exécuteurs; les muscles étaient déchirés. Aucune langue humaine ne pourrait rendre ce spectacle. Le commandant fit avancer le chariot qui avait amené le condamné. On le plaça dessus à plat ventre, et, bien qu'il eût entièrement perdu connaissance, on continua le supplice sur ce cadavre jusqu'à ce que le chirurgien commis par le gouvernement, et qui suivait aussi pas à pas l'exécution, eût donné ordre de la suspendre; ce qu'il ne fit que lorsqu'il ne restait plus au patient qu'un souffle de vie.

« A ce moment-là, deux mille six cent dix-neuf coups avaient réduit le corps en hachis.

« Frapper un cadavre en Russie, ce n'est point assez cruel, cela n'inspirerait pas assez de terreur à ces esclaves. Il faut que l'homme vive pour subir son jugement.

« On porta ce malheureux à l'hôpital, où il fut, comme d'habitude, trempé dans un bain d'eau saturée de sel, puis soigné et traité avec la plus grande sollicitude jusqu'à guérison complète, afin qu'il pût acquitter son jugement dans son entier. Les lois pénales se montrent, partout et toujours, d'une barbarie atroce. Ce malheureux fut sept mois à guérir et à se rétablir, et, au bout de ce temps, il fut ramené solennellement au même lieu d'exécution, et passé de nouveau par les verges jusqu'à l'appoint des six mille coups. Il mourut dès le commencement de cette deuxième exécution [1]. »

Tout cela est horrible; mais il ne faut pas croire que, sous le rapport de la pénalité, les nobles, les princes eux-mêmes soient beaucoup moins maltraités par le souverain : l'exil en Sibérie, peine qui leur est souvent appliquée par le czar à propos de tout et à propos de rien, est presque toujours pour eux un supplice plus cruel que celui des battogues et du knout. L'histoire de la famille du prince Menschikoff, ce hautain diplomate, nous offre un exemple des terribles tortures qu'ont à souffrir les grands condamnés à cette peine.

Michel Menschikoff, celui-là même qui de garçon pâtissier avait été élevé à la dignité de prince sous Pierre Ier, était demeuré, après la mort de ce souverain, le favori de Catherine qu'il avait aidée à s'emparer de la couronne. Cette dernière étant morte deux ans et demi plus tard, après avoir désigné pour héritier du trône, Pierre, petit-fils de Pierre Ier, Menschikoff, alors tout-puissant, s'empare de la personne du jeune empereur, le loge dans son palais, et règne sous son nom. Dès lors sa tyrannie n'a plus de bornes; tout ce qui tente de s'opposer à son usurpation est puni de l'exil, du knout. Mais bientôt le jeune czar rougit d'être traité comme un enfant, et profitant d'une courte maladie du prince, il quitte le palais qui lui a jusque-là servi de prison, et il se retire à Pétershof avec toute la cour. Menschikoff, à peine convalescent, court à cette résidence; mais il ne trouve point l'empereur qui s'en était éloigné sous le prétexte d'une partie de chasse.

Menschikoff, fort de l'ascendant qu'il croit avoir sur le jeune czar, ne s'effraie pas de ces diverses circonstances, et il retourne à Pétersbourg, bien persuadé que Pierre ne tardera pas à l'y venir joindre. En arrivant à son palais, il voit des soldats qui, sous les ordres du général Soltikof, en enlèvent les meubles du czar; il s'étonne, il s'emporte, veut retourner près de

Pierre II; alors le général lui demande son épée au nom de l'empereur, et lui déclare qu'il a ordre de l'empêcher de sortir de ses appartements. Sa femme et ses enfants veulent aller se jeter aux pieds du czar; mais ils en sont empêchés par la famille des Dolgorouki qui avait aidé le jeune souverain à s'affranchir de la tutelle du prince.

Menschikoff fut d'abord traité avec douceur dans sa disgrâce; on se contenta de l'exiler à Ranimbourg, ville qu'il avait fondée et où il s'était ménagé une retraite agréable. Bien qu'il fût dépouillé de ses emplois, il conservait ses richesses, ses titres, ses honneurs, et il croyait pouvoir en jouir tranquillement, dans un doux loisir, loin du tumulte et des intrigues de la cour. Cela le consolait et lui laissait toute sa fierté : il partit avec toute sa famille, affichant un faste digne d'un souverain. C'était aviver la haine de ses ennemis; aussi à peine était-il à quelques lieues de Saint-Pétersbourg, qu'on vint lui demander les cordons des ordres dont il était décoré. Il les remit sans hésiter :

« Les voici, dit-il à celui qui venait les lui demander au nom du czar. Reprenez ces témoins de ma folle vanité. Je les ai tous rassemblés dans ce coffre, parce que je ne doutais pas que l'on commençât par m'en dépouiller; mais je regrette maintenant de ne pas les avoir sur moi, afin que mon humiliation fût plus complète. »

Cette résignation était bien tardive; mais dès ce moment elle ne se démentit plus. En arrivant à Tver, ville située sur la route de Saint-Pétersbourg à Moscou, il fut rejoint par un officier commandant un fort détachement de cavalerie, qui lui apprit qu'il avait ordre de s'emparer de tout son bagage, de ne lui laisser que le plus strict nécessaire, et de le garder constamment à vue. Un autre officier arriva quelques heures après, et déclara à Menschikoff qu'il fallait qu'il quittât son carrosse pour monter, ainsi que sa famille, sur de petits chariots appelés kibitka, que le détachement avait amenés, et qui servaient ordinairement à transporter les exilés au lieu qui leur était assigné.

— Faites votre charge, lui répondit tranquillement Menschikoff; je suis préparé à tout : plus vous m'ôterez, moins j'aurai d'inquiétude. Je ne me plains pas, mais je plains sincèrement ceux qui vont profiter de mes dépouilles.

Il descendit de carrosse, et monta, ainsi que sa femme et ses enfants, sur les chariots. Non-seulement il montrait alors une véritable résignation et une grande force d'âme, mais il ne cessait d'encourager sa famille à l'imiter.

---

1. *Le knout et la Russie*, par M. de Lagny.

— Lorsque cette cruelle épreuve sera passée, leur disait-il, vous n'en sentirez que plus vivement les douceurs du repos et de la solitude.

Les officiers et les soldats eux-mêmes, chargés de l'escorter, admiraient ce courage bien supérieur à celui qui fait braver la mort sur un champ de bataille; mais les ordres qui leur avaient été donnés ne permettaient pas qu'ils songeassent à adoucir la situation de cet homme que l'orgueil et l'ambition avaient longtemps aveuglé, et qui néanmoins se montrait plus grand dans l'adversité qu'il n'avait été orgueilleux alors qu'il gouvernait un puissant empire.

Ce fut ainsi que ce triste cortége arriva à Ranimbourg, situé à deux cent cinquante lieues de Saint-Pétersbourg. Menschikoff espérait encore qu'il pourrait mener une vie paisible dans cette retraite; mais bientôt arriva une commission chargée de lui faire son procès. On avait exhumé toutes les plaintes dont il avait pu être l'objet pendant qu'il était au pouvoir, et l'on ne voulut lui donner ni le temps ni les moyens de se justifier; enfin, après lui avoir fait essuyer toutes les humiliations possibles, on le condamna, lui et sa famille, à un exil perpétuel à Bessorowa, dans le désert de Jakouska, au fond de la Sibérie, c'est-à-dire à plus de quinze cents lieues de Moscou.

A peine ce jugement, plus cruel que la mort, fut-il prononcé, qu'on força Menschikoff, sa femme et ses enfants à quitter les vêtements distingués qu'ils avaient portés jusque-là; au père et au fils on donna des habits de paysan moscovite; la mère et les filles reçurent des robes de bure, des pelisses et des bonnets de peau de mouton; puis, sans leur accorder le moindre délai pour se préparer à un si long et si terrible voyage, ils furent en quelque sorte jetés sur les chariots qui les attendaient, et traînés vers ces déserts glacés à l'entrée desquels, comme aux portes de l'enfer de Dante, il faut laisser l'espérance.

La princesse Menschikoff, douce, frêle et délicate créature, ne devait pas atteindre le terme du voyage: pleurant sans cesse sur le sort de son mari qu'elle aimait, et de ses enfants, ces innocentes victimes qui n'avaient pas trouvé grâce devant leurs persécuteurs, il arrivait souvent que, pendant de longues marches sur une terre durcie par vingt degrés de froid, les larmes de cette infortunée se congelaient sur ses cils; il en résulta une inflammation qui lui fit perdre la vue. Malgré ces souffrances, ces tortures affreuses, on avançait toujours. Enfin la princesse sentit que ses maux allaient finir avec sa vie; pendant une courte halte, elle fit approcher d'elle son mari et ses enfants, et les pressant tour à tour contre son cœur:

— Ne me plaignez pas, leur dit-elle; je vais mourir: vous souffrirez plus que moi.

Menschikoff, dont l'âme semblait devenir à chaque instant plus grande et plus noble, ne chercha pas à ranimer l'espérance dans le cœur de cette compagne de sa vie, qu'il adorait; il s'efforça, au contraire, d'achever de la détacher de ce monde où elle allait laisser tout ce qui lui était cher.

— Oui, tu vas mourir, dit-il en s'efforçant pourtant et comme malgré lui de la réchauffer dans ses bras, et c'est de toute mon âme que j'en remercie Dieu: je vais souffrir davantage, ce que j'avais cru impossible; mais toi, ma bien-aimée, tu ne souffriras plus!

Elle expira au moment où le chef de l'escorte donnait l'ordre du départ. Pour la première fois, depuis qu'il avait quitté Saint-Pétersbourg, Menschikoff demanda grâce; il demanda à genoux qu'il lui fût permis d'enterrer cette déplorable victime de l'orgueil, de l'ambition et de la trahison des gens qu'elle avait aimés. On lui accorda une heure. Mais la terre gelée était dure comme de l'acier; il ne put qu'à grand'peine en entamer la surface, et dès qu'il eut déposé dans cette tombe imparfaite les restes de la princesse, on le fit remonter, ainsi que ses enfants, dans les chariots, sans leur permettre de dire, dans une courte prière, un dernier adieu à l'infortunée dont ils allaient abandonner les dépouilles au milieu de cet affreux désert.

On arriva à Tobolsk; la nouvelle de la disgrâce du prince l'avait précédé dans ces lointaines régions, et tous les malheureux dont l'exil avait été prononcé du temps de sa faveur, se réjouissaient de pouvoir enfin se venger en insultant à son malheur. Comme il entrait dans la ville, deux seigneurs russes s'avancèrent vers lui et l'accablèrent d'injures.

« Les reproches que tu m'adresses sont justes, répondit avec calme Menschikoff à l'un d'eux; je les ai mérités en te condamnant sans m'être suffisamment assuré de ta culpabilité. Il est juste que tu te venges, puisque tu en trouves l'occasion. Quant à toi, dit-il au second, tu ne dois ton malheur qu'aux ordres qui m'ont été surpris par tes ennemis; mais je ne devais pas me laisser surprendre, et je mérite également tes reproches et tes injures.

En ce moment un autre exilé perça la foule, ramassa de la boue et la jeta au visage du jeune fils de Menschikoff.

— A moi donc, malheureux! s'écria le prince; c'est à moi qu'il faut la jeter! Que t'a fait ce pauvre enfant qui peut-être n'était pas né lorsque tu fus condamné?

Pour soustraire Menschikoff et ses enfants à ces violences, on les conduisit à la prison de la ville, où ils furent enfermés. Ce ne fut que plus d'un mois après que ces malheureux arrivèrent enfin à Bessorowa, lieu de leur destination. Menschikoff y était à peine qu'il fut atteint d'une maladie grave. Comme il était fort instruit, pour son temps et son pays, il reconnut que son mal était causé par l'épaississement du sang : il y avait pléthore, et des saignées fréquentes l'eussent sauvé ; mais il ne se trouvait personne, à cette extrémité du globe, capable de pratiquer une saignée. Il fallait se résigner à mourir. A ce moment suprême, le prince appela ses enfants près de lui, et leur fit ce discours que divers historiens rapportent dans les mêmes termes :

« Mes enfants, je touche à ma dernière heure ; la mort, dont la pensée m'a été familière depuis que je suis ici, n'aurait rien d'effrayant pour moi, si je n'avais à rendre compte au souverain juge que du temps que j'ai passé dans cet exil. La raison et la religion, que j'avais toujours négligées dans ma prospérité, et qui, depuis mes infortunes, m'ont si bien fortifié dans les revers, m'ont appris que la miséricorde de Dieu n'est pas moins infinie que sa justice. Jusqu'ici vos cœurs ont été préservés de la corruption, et vous conserverez cet état d'innocence bien plus facilement dans ces déserts qu'à la cour. Il peut se faire cependant que vous soyez quelque jour rappelés dans ces hautes et dangereuses régions ; rappelez-vous alors les exemples que je vous ai donnés ici. »

Il parlait avec tant de calme, il semblait y avoir tant de lucidité dans sa pensée, que ses enfants ne pouvaient croire qu'il fût si près de sa fin ; ils tentèrent de lui prodiguer des consolations et de lui rendre l'espérance ; mais comme son fils parlait il lui prit la main, la serra par un dernier effort, et il expira.

On ne saurait nier que cet homme, malgré les erreurs, les fautes, les crimes même dont il se rendit coupable, ait été digne, comparativement à tant d'autres personnages réputés grands, de la haute position où il était arrivé. Sans doute Menschikoff avait erré, car il était homme, et il avait à subir les passions humaines ; mais la dignité avec laquelle il reconnut ses fautes, dès que la main de l'adversité, en le touchant, lui eut montré le néant des grandeurs qui l'avaient ébloui, fait que le souverain qui frappait paraît bien petit devant la grandeur d'âme de la victime.

Il n'est pas rare non plus, dans ce pays où le bon plaisir du souverain est la loi suprême, que les peines corporelles les plus avilissantes soient appliquées aux grands qui ont le malheur de déplaire au maître suprême. Nous avons vu plus haut que Nicolas faisait pendre et étrangler sans forme de procès les conspirateurs ou accusés de conspiration ; nous allons voir comment, en pareil cas, en usaient ses prédécesseurs.

C'était sous le règne d'Élisabeth ; cette princesse occupait le trône depuis deux ans lorsqu'une conspiration s'ourdit contre elle. Le chef de cette entreprise était le marquis de Botta, ministre autrichien, qui avait récemment passé de l'ambassade de Saint-Pétersbourg à celle de Berlin. C'est de cette dernière ville que, à l'abri de tout danger, il intriguait pour renverser l'impératrice et porter sur le trône le jeune Ivan VI.

Jamais conspiration ne fut conduite avec plus d'imprudence et de légèreté, ou plutôt jamais mécontentement ne fut plus indiscrètement exhalé. Il n'y avait pas encore de complot bien arrêté, que déjà les prétendus conspirateurs se mettaient à la discrétion d'Élisabeth en communiquant leurs projets aux agents secrets de l'impératrice, qui feignaient d'être disposés à prendre rang parmi les conjurés. Aussi, dès que l'on crut l'affaire assez avancée pour motiver une condamnation, tous furent-ils arrêtés sans difficulté. Les plus importants d'entre eux étaient des femmes, ce qui explique peut-être suffisamment la légèreté avec laquelle l'entreprise avait été conduite.

Ce ne fut pas sans une grande joie qu'Élisabeth apprit qu'au nombre de ces femmes, qui appartenaient à différents titres à de hauts personnages exilés au commencement du nouveau règne, se trouvait la princesse Lapuchin, de la même famille qu'Eudoxe, première femme de Pierre Ier. Cette dame passait généralement pour être la plus belle femme de l'empire, titre auquel prétendait l'impératrice, et dont son humeur galante la rendait plus jalouse que de sa toute-puissance.

Tous les conjurés des deux sexes furent mis immédiatement en jugement. Ils avaient été si imprudents, si légers jusque-là, que la défense était à peu près impossible : l'accusation produisait une correspondance volumineuse, où les projets de tous les accusés étaient longuement et nettement énoncés. Cela était accablant ; cependant tous n'étaient pas également compromis, et madame Lapuchin l'était beaucoup moins que ses compagnes d'infortune ; mais un autre crime dont on ne parlait pas s'opposait à son absolution : nous l'avons dit, elle était plus belle que l'impératrice.

La même peine fut prononcée contre tous ; ce ne fut pas la peine de mort, que la miséricordieuse Élisabeth avait supprimée ; ce ne fut pas quelque chose de moins ; ce fut une série de tortures mille fois plus épouvantables. On condamna hommes et femmes à recevoir le knout, à avoir ensuite la langue coupée, et à être immédiatement et tout sanglants conduits en Sibérie. Par l'ordre exprès d'Élisabeth, madame Lapuchin dut être mutilée la dernière, après avoir assisté à l'exécution de ses complices.

D'abord cette infortunée montra beaucoup de résignation ; elle avait demandé au ciel avec tant d'ardeur la grâce de ne pas survivre aux tortures qu'elle devait subir, qu'elle se croyait sûre de mourir au troisième ou quatrième coup de knout. C'est qu'en effet, comme on l'a vu plus haut, dans cet horrible châtiment, la vie du patient dépend tout à fait de l'exécuteur, dont l'habileté est telle qu'il peut tuer le patient du premier ou du second coup ; mais il peut aussi appliquer cinquante coups qui déchirent horriblement les chairs sans qu'aucun soit mortel ; et le bourreau aux mains duquel devait être remise madame Lapuchin avait certainement reçu des instructions secrètes : tous les coups portèrent sur les épaules et sur une gorge d'albâtre qui n'avait pu être mise à nu sans arracher aux spectateurs de cette horrible scène un double frémissement d'admiration et de terreur.

— Mon Dieu ! mon Dieu ! criait cette infortunée à chaque coup qui pénétrait profondément dans les chairs, qu'il est difficile de mourir !

Telle fut l'habileté de l'exécuteur, ses coups furent ménagés avec tant d'art, que la patiente ne perdit pas un instant l'usage de ses sens, et qu'elle put entendre l'ordre qu'on lui donna d'ouvrir la bouche afin qu'on lui coupât la langue, deuxième partie de la sentence que tous les autres condamnés avaient subie en sa présence. Au lieu d'obéir, la jeune et belle victime, espérant que la résistance hâterait la mort après laquelle elle soupirait, se débattit de toutes les forces qui lui restaient, ferma la bouche, serra les dents, et opposa une résistance désespérée. Après quelques efforts inutiles, un des exécuteurs la renversa et lui serra le cou comme s'il eût voulu l'étrangler, tandis qu'un autre, à l'aide d'une sorte de spatule de fer, lui brisait les dents afin de parvenir à disjoindre les mâchoires. Ils arrivèrent ainsi à leurs fins : le commencement de strangulation fit ouvrir la bouche ; la langue s'allongea et fut coupée presque à sa racine. Ce jour-là même, tous ces malheureux partaient pour la Sibérie, où bien peu d'entre eux devaient arriver.

Ceux qui survécurent furent rappelés dix-huit ans après. Parmi eux était la princesse Lapuchin, qui n'avait pu mourir, et qui, belle encore, malgré les souffrances inouïes qu'elle avait endurées, n'excitait plus que la compassion. Au nombre de ces survivants était aussi le feld-maréchal Munnich et Golowkin qui,

transporté au delà du cercle polaire avec sa femme, avait vu mourir cette dernière dans la prison où tous deux étaient enfermés, sans pouvoir obtenir que le moindre secours fût donné à cette infortunée. La voyant morte, Golowkin appelle le gardien, lui montre ce cadavre, et demande qu'il lui soit permis de l'inhumer.

— Mes ordres portent que je ne dois laisser rien entrer, rien sortir, répond le gardien.

Et il tourne les talons. Ce cadavre resta pendant cinq mois dans le cachot où était enfermé le malheureux mari ; ce fut au bout de ce temps seulement qu'arriva de Saint-Pétersbourg la permission de l'enterrer.

Nous nous arrêtons ; les annales judiciaires de l'empire moscovite sont si fécondes en atrocités, en monstruosités de ce genre, que la plume nous tomberait des mains, si nous tentions d'y pénétrer plus avant.

Un dernier mot sur les serfs :

« Chose étrange, il n'y a que les Russes véritables, dit M. Tourgueneiff, auteur de *la Russie et les Russes*, les Russes pur sang, qui soient ou qui puissent être esclaves en Russie ; ni les autres Européens, ni les Orientaux ne peuvent le devenir. On y voit d'ailleurs des nobles d'origine anglaise, française, allemande, italienne, espagnole, portugaise, de même que d'origine tatare, arménienne, indienne, juive. Tous peuvent avoir des esclaves, à la seule condition que ces esclaves soient de véritables Russes. Qu'un Américain arrive en Russie avec un esclave nègre, ou bien un Persan, un Turc, avec des esclaves de leur pays, l'esclave *importé* devient libre dès qu'il a touché le sol russe, comme si c'était le sol béni de l'Angleterre ou de la France ! On dirait que la Russie veut réserver exclusivement l'avantage d'être esclave à ses propres, à ses plus légitimes enfants.

« Il n'y a d'exception que pour quelques populations des provinces de l'est, comme les Tschouvaches et les Mordvins, qui se trouvent en partie soumis à l'esclavage ; le gouvernement ayant fait don des terres qu'ils habitent à quelques nobles. Ces populations hétérogènes sont précisément celles qui se sont le plus amalgamées avec la race russe. On dirait qu'on a voulu compléter l'assimilation en leur faisant partager l'esclavage des paysans serfs.

« Avant, pendant et longtemps après la domination des Tatars, les paysans russes n'étaient pas la propriété des possesseurs de la terre sur laquelle ils vivaient. Sous ces conquérants, princes, nobles, laboureurs, tous étaient également soumis au joug du vainqueur. Mais, après que les Russes s'en furent affranchis, le pouvoir des princes s'accrut, et non-seulement ils laissèrent établir l'esclavage, mais ils s'en firent même les auteurs. Pour les paysans, les nobles remplacèrent les Tatars, et ces nouveaux maîtres appesantirent sur le peuple un joug qu'ils rendirent plus cruel encore que celui de l'étranger, en le rendant plus systématique. Enfin, on compléta l'œuvre d'asservissement en appliquant aux paysans le nom que les Tatars donnaient à tous les Russes indistinctement, tous indistinctement esclaves à leurs yeux; c'est le nom de *chrétien!* En effet, le nom de *chrestianin*, paysan, n'est autre que celui de *chrestianin*, chrétien.

« Les Tatars qui, à leur tour, ont été soumis au poupoir russe, ne sont pas devenus esclaves; chez tous les autres peuples de l'immense empire, l'esclavage n'est connu que chez ceux qui sont devenus nobles. Les paysans d'origine non russe, dans les provinces baltiques, ont été esclaves, il est vrai; mais ils ont cessé de l'être depuis le règne d'Alexandre. Dans une grande partie des provinces ci-devant polonaises annexées à l'empire, et notamment dans celles qui forment la Russie Blanche, la population agricole et esclave est d'origine russe. Tous les étrangers qui se nationalisent en Russie entrent dans la classe des nobles, ou, ce qui est rare, dans la classe des marchands ou dans celle des bourgeois. Les familles nobles de Russie se disent presque toutes d'origine étrangère, et surtout d'origine tatare; et elles le sont en effet. Les esclaves étrangers amenés en Russie recouvrent, ainsi que nous l'avons fait remarquer, leur liberté, et peuvent avoir à leur tour des esclaves pour les servir. On est donc autorisé à dire que tout ce qui est possesseur d'esclaves en Russie, est, presque sans exception, d'origine étrangère, et qu'au contraire, tout ce qui est esclave est d'origine russe, et d'une origine aussi incontestée qu'incontestable. A qui donc profite alors cette immense agrégation qu'on appelle l'*empire de Russie?* »

« On ne peut s'empêcher de dire que, chez le peuple russe, tout va au rebours du sens et de la logique; rien n'y suit la même marche que chez les autres peuples. Ainsi, ce n'est pas après la défaite, mais après la victoire, que l'asservissement y a pris racine; les Saxons y ont été les vainqueurs, et les Normands les vaincus, et cependant ce sont les Normands qui y sont les maîtres, et les Saxons les esclaves. Si, dans les autres pays, le servage a été presque toujours la suite de la conquête ou la conséquence du système féodal, en Russie, c'est de propos délibéré qu'il paraît avoir été établi. Une mesure aussi odieuse a passé à peu près comme une simple mesure de police; c'est la politique barbare, égoïste, insensée, d'un usurpateur qui a infligé à toute une nation une plaie qui la dévore et qui fait sa honte. »

Il nous reste à jeter un coup d'œil sur la classe bourgeoise, laquelle sans pouvoir être comparée à la bourgeoisie des principaux États de l'Europe, est pourtant de beaucoup supérieure à celle des serfs.

Cette classe, comme nous l'avons dit plus haut, se compose des habitants des villes qui possèdent quelque propriété foncière, des banquiers, négociants, marchands, artistes et artisans. Les commerçants en général sont divisés en trois catégories; la première comprend tous ceux qui possèdent un capital d'au moins cinquante mille roubles; le capital nécessaire pour être admis dans la seconde est de vingt mille roubles; il est de huit mille roubles au moins pour ceux de la troisième catégorie.

Les commerçants des deux premières catégories sont, de même que les prêtres, exempts du knout et du bâton; ils peuvent aller en voiture à deux chevaux et fonder de grands établissements; ceux de la troisième ne peuvent aller qu'en voiture à un cheval, et se borner à faire un commerce de détail, de même que les serfs autorisés par leur seigneur à se livrer au commerce, et ils sont, comme ces derniers, soumis à tous les châtiments corporels.

Les bourgeois ont, dans les villes et les bourgs, quelque semblant de droits municipaux; ils élisent des bourgmestres et des conseillers; mais ces magistrats sont partout subordonnés aux commandants ou aux baillis nommés par le gouvernement.

En aucun cas un bourgeois ne peut posséder une terre seigneuriale, mais seulement des maisons, des fabriques, des usines. Ils sont d'ailleurs, comme tous les sujets de l'empire, soumis au régime du bon plaisir, à toutes les vexations qu'il plaît aux seigneurs de leur faire subir, et à l'effroyable rapacité de tous les fonctionnaires et employés du gouvernement.

Et c'est le chef, le législateur d'un tel peuple qui prétend à la domination de l'Europe!... Mais nous n'avons pas encore mis à jour toutes les plaies honteuses de ce pays. Achevons donc cette exploration, afin que chacun soit désormais édifié sur la puissance de ce colosse aux pieds d'argile.

IV

Administration. — Classification des fonctionnaires et employés. — Corruption, vénalité, vol. — La police à Saint-Pétersbourg.

Nous ne saurions avoir l'intention de faire ici l'historique des diverses administrations publiques en Russie. Il nous suffira de dire, pour en donner une idée,

9 782014 464559